Über den Autor:
Sam Stall ist Co-Autor des Bestsellers
Cat Owner's Manual (Quirk 2004).
Er lebt in Indianapolis, Indiana.

Titel der amerikanischen Originalausgabe:
100 Cats Who Changed Civilisation
© 2007 Quirk Productions, Inc.

Deutsche Erstausgabe
© 2008 Berlin Press
Alle Rechte vorbehalten.

Aus dem Amerikanischen von Herwig Engelmann
Illustrationen: Thomas Plaßmann
Coverillustration: Daniel Richter
Design: Fruitmachine
Satz: Maresa Rutter
Korrektorat: Manuel Bonik
Druck: Druckteam Berlin

Berlin Press
Kreuzbergstraße 71
10965 Berlin
www.berlinpress.net

Vertrieben durch den DuMont Buchverlag

ISBN: 978-3-936024-11-1

100 KATZEN

DIE DIE WELT VERÄNDERTEN

SAM STALL

BERLIN PRESS

Für Ted.

Er mag nicht der großartigste Kater der Welt gewesen sein,

aber er war der großartigste meiner Welt.

INHALT

EINLEITUNG

„Katzen sind schon ein merkwürdiges Völkchen.

In ihren Köpfen geht viel mehr vor, als uns je bewusst wird.“

Sir Walter Scott

Katzen leben seit den ältesten Kulturen der Welt mit Menschen zusammen. Dennoch war es schwierig, unter all den Katzen die wenigen zu finden, die Geschichte gemacht haben. Die durchschnittliche Katze legt eine völlig unbeschwerte Gleichgültigkeit gegenüber unserem Schicksal an den Tag. Das ist Teil ihres Charakters und vielleicht sogar das, was Katzen am meisten auszeichnet. Die Menschen rundherum können tun, was sie wollen – solange es Futter in der Schüssel, frische Streu im Katzenklo und ein sonniges Fensterbrett gibt, das einen guten Ausblick auf das Treiben der Welt gewährt.

Und doch haben ein paar herausragende Persönlichkeiten unter den Katzen eine Aufgabe darin gesehen, sich für die Menschheit nützlich zu machen. Die meisten von ihnen taten das in ihrer unverwechselbaren Art und Weise und aus Gründen, die wir nie erfahren werden. Aufdringliches Heldentum ist jedenfalls nicht ihre Sache. Katzen würden zum Beispiel niemals ein Kleinkind aus einem brennenden Haus retten. Das sind Kapriolen, die sie bereitwillig Hunden überlassen.

Anstatt sich mit ihren Taten zu brüsten, erwarben viele der hier vorgestellten Katzen ihre Verdienste diskret. Man kann die Lichtgestalten der Gattung grob in vier Kategorien einteilen: Musen, Pioniere, Antihelden und Helden.

Die Musen sind in die Geschichte eingegangen, weil sie bedürftigen Genies die nötige Gesellschaft, Inspiration oder Ermutigung boten. Cattarina (Seite 101), die Katze an der Seite von Edgar Allan Poe, diente als Vorlage für eine der besten und ergreifendsten Horrorgeschichten, die je geschrieben wurden. Der Kater Macek (Seite 17) inspirierte den Wissenschaftler Nikola Tesla zu seiner bahnbrechenden Erforschung der Elektrizität.

So manche Pioniere erwarben sich einen Platz in den Geschichtsbüchern, ohne davon auch nur das Geringste zu ahnen. Eine kanadische Katze namens Snowball (Seite 15) hat zum Beispiel nie erfahren, dass einige ihrer Haare nicht nur einen Mörder überführten, sondern auch eine kleine Revolution in der Gerichtsmedizin auslösten. Auch von F. D. C. Willard (Seite 22) kann man mit Sicherheit annehmen, dass er von seiner Mitarbeit an einem wissenschaftlichen Aufsatz im Bereich der

Niedrigenergiephysik nichts wusste. Ebenso hat ein schwarzer Kater namens Colby (Seite 81) wohl bis heute nicht begriffen, dass ihm von einer amerikanischen Universität ein Master-Abschluss im Fach Betriebswirtschaft verliehen wurde.

Natürlich haben nicht alle geschichtsmächtigen Katzen Gutes bewirkt. Zum Glück vollbrachten aber auch diese wenigen Schurken ihre Taten in einem Zustand völliger Unschuld. Ein Leuchtturmwärter namens Tibbles (Seite 12) ahnte nicht, dass er als bisher einzige Kreatur der Welt im Alleingang eine Tiergattung ausgerottet hatte. Einem Kätzchen namens Ahmedabad (Seite 67) blieb es erspart, von den ernsthaften politischen Auseinandersetzungen zwischen Pakistan und den USA zu erfahren, die es ausgelöst hatte.

Schließlich dürfen in diesem Buch die klassischen Katzenhelden und ihre epochalen Leistungen nicht fehlen. Es sind dies Katzen, die in Momenten der Krise so scheinbar rein menschliche Eigenschaften wie Mut, Einfallsreichtum und Entschlossenheit bewiesen. Zu diesem Adel gehören Murka (Seite 184), der den russischen Truppen bei der blutigen Schlacht um Stalingrad half; Trixy (Seite 195), die ihrem Besitzer während seiner Haft im gefürchteten Tower of London beistand; und Tommy (Seite 187), der mit einem Telefon die Polizei rief, als sein Besitzer aus dem Rollstuhl gefallen und in höchster Not war.

Alle diese Katzen und Dutzende andere, deren Andenken auf diesen Seiten bewahrt ist, nahmen Einfluss auf den Lauf der Geschichte – manche geringfügig, andere durchaus wesentlich. Mit ihrem Gleichmut, ja ihrem vollkommenen Unwissen über die Geschehnisse wären sie nachahmenswerte Vorbilder gerade für Menschen, die gerne viel mehr Aufhebens um viel geringere Leistungen machen.

WISSENSCHAFT
UND
NATUR

TIBBLES

Der Kater, der eine ganze Tierart ausrottete

Katzen sind bekannt für die Gerissenheit, mit der sie Mäusen, Ratten und Vögeln den Garaus machen. Und doch gibt es keine Katze in der Geschichte der Menschheit, die es mit dem ungehemmten Blutdurst eines unauffälligen Leuchtturmkaters namens Tibbles aufnehmen könnte. In den Annalen der Wissenschaft ist Tibbles berühmt – oder eher berüchtigt – dafür, dass er als einziges Tier ganz allein eine andere Gattung ausgerottet hat.

Die glücklose Tierart, um die es hier geht, war der Stephens-Islands-Zaunkönig. Nach allem, was wir wissen, war dieser Vogel ebenso außergewöhnlich wie harmlos. Weil es in diesem Winkel der Welt ursprünglich keine Mäuse gab, gab sich der Zaunkönig alle Mühe, die ökologische Nische zu füllen. Er verlernte das Fliegen, schrumpfte ungefähr zur Größe eines Nagetiers und verbrachte seine Tage damit, durchs Gestrüpp zu rennen. Obwohl er nicht mehr fliegen konnte, hatte der Zaunkönig immerhin das Singen nicht verlernt.

Einst war dieser zart besaitete, musikalische, mausähnliche Vogel überall in Neuseeland zu Hause. Doch als die ersten menschlichen Besucher von den pazifischen Inseln in Neuseeland ankamen, brachten sie blinde Passagiere mit – Ratten, die sich schnell im örtlichen Ökosystem breit machten. Vollkommen hilflos gegenüber den ebenso kampfkräftigen wie unbarmherzigen Räubern, waren die Zaunkönige schnell ausgerottet. Ihre letzte rattenfreie Zuflucht war Stephens Island, ein etwa zweieinhalb Quadratkilometer kleiner Felsbrocken vor der Nordküste von Neuseeland.

Das war der Stand der Dinge im Jahr 1894, als man auf der Insel einen Leuchtturm errichtete. Sein erster Wärter David Lyall brachte den Kater Tibbles mit, um nicht völlig alleine zu sein. Man kann sich das himmelhohe Jauchzen von Tibbles angesichts einer überschaubaren Insel voller mundgerechter, flugunfähiger Vögeln nur schwer ausmalen. Erwartungsgemäß machte Tibbles sofort Nägel mit Köpfen und stürzte sich auf die Elfengeschöpfe, wo immer er sie fand.

Tibbles ließ David Lyall nicht im Unklaren über seinen neuen Zeitvertreib. Er brachte mehr als ein Dutzend seiner Opfer zurück zum Leuchtturm. Die meisten waren tot oder fast tot. Lyall behielt mehrere von ihnen, und weil sie so merkwürdig aussahen, fanden sie schließlich den Weg zu einigen Vogelkundlern. 1895 wurde das Tier feierlich der Wissenschaft vorgestellt und erhielt den lateinischen Namen Xenicus Lyalli. Mehr oder weniger im gleichen Atemzug erklärte man es für ausgestorben.

Die ökologische Verheerung hatte mit ein paar Ratten begonnen und wurde in einer grausamen Ironie der Geschichte durch einen einsamen Kater vollendet. Weder dem Leuchtturmwärter noch sonst jemandem kam je der Gedanke, dass es angesichts der einzigartig zarten Natur der Fauna auf Stephens Island vielleicht eine gute Idee gewesen wäre, Tibbles im Haus zu halten.

SNOWBALL

Eine Katze überführt einen Mörder

Douglas Beamish dachte schon, er würde mit seinem Mord an Shirley Duguay davon kommen. Fast wäre es ihm auch gelungen – hätten ihm nicht Indizien einen Strich durch die Rechnung gemacht, die von seiner eigenen Katze stammten.

Es geschah im Jahr 1994. Kanadische Polizisten fanden Shirley auf der Prince Edward-Insel knapp unter der Erde begraben. Die Royal Canadian Mounted Police, Kanadas Kriminalpolizei, wurde mit der Untersuchung beauftragt. Deren Mitarbeiter interessierten sich vor allem für eine blutgetränkte Lederjacke in einem Plastikbeutel, die man bei der Leiche gefunden hatte. Leider stammte das Blut ausschließlich von Shirley Duguay selbst und eignete sich daher nicht für eine vergleichende DNA-Analyse. Doch dann entdeckten die Gerichtsmediziner noch etwas anderes: 27 weiße Haare, die sich bei näherer Untersuchung als Katzenhaare erwiesen. Den Polizisten fiel ein, dass Duguays ehemaliger, getrennt lebender Gatte Beamish nicht weit vom Fundort der Leiche entfernt bei seinen Eltern wohnte – und dass die Familie eine weiße Katze namens Snowball besaß.

Man entnahm eine Blutprobe von Snowball in der Hoffnung, sie mit der DNA in den Haaren vergleichen zu können. Doch die Kriminalisten mussten feststellen, dass bis dahin noch niemand etwas derartiges versucht hatte. Nach einigen Telefonaten fanden sie die vielleicht einzigen Menschen auf der Welt, die ihnen helfen konnten: Ein paar Forscher an Kanadas staatlichem Institut für Krebsforschung arbeiteten zufällig gerade an einer Genkarte des Katzenerbguts.

Keiner der Wissenschaftler hatte je an einer kriminalistischen Untersuchung im CSI-Stil teilgenommen. Es brauchte einige Überredungskünste, um sie für das Vorhaben zu gewinnen. Doch dann gelang es ihnen ziemlich rasch, das Erbgut in den Haaren zu isolieren und zweifelsfrei mit der Blutprobe von Snowball zu identifizieren. Mit diesem Beweis konnte Douglas Beamish des Mordes überführt und verurteilt werden. Es war das erste Mal, dass Katzenerbgut bei der Identifizierung eines Verbrechers Verwendung fand. Bald darauf vergab das amerikanische Justizministerium ein Stipendium von 265.000 Dollar für den Aufbau einer Katzen-Gendatenbank. In diesem Projekt entstand die Technik, mit der seither gerichtsmedizinische Labore in aller Welt Katzenhaare an den Schauplätzen des Verbrechens sammeln und einzelnen Tieren zuordnen.

Dank Snowball kann man Verbrechern (von denen ein geschätztes Drittel Katzen besitzt) heute mit Hilfe ihrer eigenen haarigen Freunde das Fell über die Ohren ziehen.

MACEK

Die Katze, die im Dunklen leuchtete

Der Physiker, Elektroingenieur und Erfinder Nikola Tesla gilt als eines der produktivsten und rätselhaftesten Genies aller Zeiten. Er erfand nicht nur technische Systeme, die elektrische Haushaltsgeräte praktikabel machten, sondern war auch wesentlich an der Entwicklung des Radios beteiligt. Zu seinen eher futuristischen Zeitvertreiben gehörte die Arbeit an einer Maschine zur Kontaktaufnahme mit Außerirdischen und an ferngesteuerten Fahrzeugen. Tesla versuchte sich nicht zuletzt an einer Widerlegung der Einsteinschen Feldtheorie.

Für einen Mann, der 1856 auf die Welt kam, waren das atemberaubende Leistungen. Tesla war seiner Zeit weit voraus. 1943 starb er im Alter von 86 Jahren, mittlerweile amerikanischer Staatsbürger, in einem New Yorker Hotelzimmer. Sofort stürzte sich das FBI auf sein Haus, konfiszierte sämtliche Unterlagen und hielt sie unter Verschluss. Denn in Teslas Lebensherbst war das Gerücht aufgekommen, er bastle an einer ultimativen Vernichtungswaffe, dem „Todesstrahl". Die Staatsmacht konnte es sich nicht erlauben, diese Gerüchte auf die leichte Schulter zu nehmen.

Von früher Kindheit an war Nikola Tesla fasziniert von allem Unbekannten, und diese Faszination führte ihn zu einem Schlüsselerlebnis mit seinem Kater. Tesla wuchs in einem abgelegenen Bauernhof im heutigen Kroatien auf. Sein bester Freund hieß Macek (serbisch für „Kater"), „der schönste und beste Kater der Welt". Der kleine Nikola ging ohne seinen Macek nirgendwo hin.

Bis zum Alter von drei Jahren zeigte Tesla keine besondere naturwissenschaftliche Begabung. Doch dann kam es an einem sehr kalten und trockenen Wintertag zu einer starken elektrostatischen Aufladung in der Luft. Fußgänger hinterließen leuchtende Spuren im Schnee, und Schneebälle explodierten wie Feuerwerkskörper, wenn sie an einer Wand oder einem Baum zerplatzten.

Aber all das war nichts im Vergleich zu dem, was mit Macek geschah: „Als ich in der Abenddämmerung Maceks Rücken streichelte," schrieb Tesla in späteren Jahren, „wurde ich Zeuge eines Wunders, das mir vor Staunen die Sprache verschlug. Maceks Rücken war ein Meer aus Licht, und meine Hand erzeugte einen Funkenschauer, dessen Knistern man im ganzen Haus hören konnte." Beim Wandern durch die dunklen Zimmer des Hauses glühte der Kater schwach, aber unübersehbar.

Dieser Eindruck entzündete die Fantasie des Jungen und bestimmte ihn dazu, ein Leben lang das Geheimnis der Elektrizität zu erforschen. Manche Leute behaupten, Nikola Tesla habe mit seiner Arbeit das 20. Jahrhundert erst möglich gemacht. Wenn das stimmt, dann schuldet die Welt auch Macek großen Dank, denn er war es, der Teslas Genie erweckt hat.

BLACKBERRY

Die Königin der Munchkins

Manche Katzenzüchtungen haben langes wallendes Haar, andere kurzes oder fast gar keines. Manche sind geschmeidig und athletisch, andere gedrungen und träge. Alle diese Unterschiede werden von Katzenliebhabern bereitwillig hingenommen – bis auf einen. In den frühen 1990ern ging ein Aufschrei durch die Züchterszene, als eine neuartige Katze mit besonders kurzen Beinen erschien. Man nannte sie Munchkin, und sie war ohne Zweifel die umstrittenste Katze, die es je auf Erden gab.

Ihre Geschichte begann 1983 in Rayville, einer Kleinstadt im US-Bundesstaat Louisiana. Hier fand eine gewisse Sandra Hochenedel eines Tages zwei Katzen, die sich auf der Flucht vor einer Bulldogge unter einem offenen Lastwagen versteckten. Beide Katzen waren trächtig, und beide hatten außergewöhnlich kurze Beine. Sie sahen aus wie eine Kreuzung zwischen Frettchen und Dackel. Hochenedel nannte die graue Blueberry und verschenkte sie. Die schwarze behielt sie für sich und nannte sie Blackberry.

Blackberry gebar kurz darauf einen Wurf Kätzchen, darunter auch einen kurzbeinigen Kater. Diesen nannte

Hochenedel Toulouse, bevor sie ihn ihrer Freundin Kay LaFrance in Monroe, ebenfalls Louisiana, schenkte. In Monroe bereicherte Toulouse unermüdlich den örtlichen Genpool. Schon bald schlichen unzählige kurzbeinige Katzen und Kätzchen um das Haus von Kay LaFrance. Doch die beiden Damen sorgten sich um die Gesundheit der kleinen Geschöpfe und ließen sie von Solveig Pflueger, dem Vorsitzenden des Genetik-Ausschusses beim Internationalen Katzenverband *TICA*, untersuchen. LaFrance selbst war der Meinung, dass die Munchkins körperlich gesund waren. Es stellte sich auch heraus, dass diese Art der Mutation im Lauf des 20. Jahrhunderts unter anderem in Russland, Deutschland und Großbritannien häufiger vorgekommen war.

Nicht alle sahen die Dinge so entspannt. Jahrelang zeigten Veranstalter von Schönheitswettbewerben und Züchtervereine den Munchkins die kalte Schulter. Den meisten Katzenliebhabern galten sie als eine schlechte Laune der Natur. Wörter wie „Missgeburt" oder „Scheußlichkeit" fielen häufig. Etliche stolze Besitzer von Munchkins wurden von Wettbewerben ausgeschlossen. Als der Weltkatzenverband 1995 schließlich Blackberrys Nachfahren als neue Züchtung legitimierte, trat ein altgedienter Juror aus Protest von allen seinen Ämtern zurück. In seinen Augen waren die Munchkins „eine Schande für jeden gewissenhaften Züchter".

Trotz oder wegen dieser Auseinandersetzungen sind Munchkins in aller Welt begehrt. Die Nachfrage nach ihnen steigt, und manche Kätzchen kosten schon mehrere Tausend Dollar. Und das alles wegen der armen Blackberry! Zeitlebens eine frei lebende Katze, verschwand sie eines Tages schlicht und einfach von Sandra Hochenedels Grundstück. Es kümmerte sie wohl nicht, dass sie eine ganze Dynastie begründet hatte.

F. D. C. WILLARD

Ein Kater als Physikprofessor

Nur wenigen Menschen gelingen wissenschaftliche Leistungen, wie sie einem Siam-Kater namens Felis Domesticus Chester (F. D. C.) Willard zugeschrieben werden. Was in ihm steckte, bewies Willard als Mitautor und Autor zweier Aufsätze auf dem Gebiet der Niedrigenergiephysik. Der andere Autor war Professor J. H. Hetherington von der Michigan State University.

Seinen einzigartigen Platz in der Geschichte der Wissenschaft verdankt Willard im wesentlichen einem Tippfehler. Als Hetherington seine Forschungsergebnisse zur Publikation einreichen wollte, bat er einen Kollegen, den Artikel vorher durchzulesen. Dieser wies ihn darauf hin, dass er als einziger Autor in dem Aufsatz nicht immer wieder das persönliche Fürwort „wir" verwenden konnte. Heute wäre das Problem mit der Funktion „Ersetzen" am Computer schnell gelöst. Aber wir befinden uns im Jahr 1975. Hetherington hätte mehrere Tage gebraucht, um den ganzen Artikel noch einmal zu tippen.

Statt dessen erfand er einen Kollegen. Er schrieb den Namen F. D. C. Willard auf die Titelseite, und der Aufsatz wurde in der Zeitschrift Physical Review Letters anstandslos veröffentlicht. Er kam so gut an, dass Hetherington 1980 eine weitere wissenschaftliche Arbeit veröffentlichte – diesmal ausschließlich unter dem Namen seines Katers. Die kleine Schrulle wurde erst aufgedeckt, als ein Besucher Hetherington in seinem Büro nicht antraf und bat, statt dessen mit Herrn Willard sprechen zu dürfen.

NEWTONS KATZE

Die Inspiration zur Erfindung der Katzentür

Der berühmte Physiker, Mathematiker und Philosoph Isaac Newton war einer der größten Wissenschaftler der Geschichte.

Im Lauf seines Lebens glänzte er mit zahlreichen Leistungen auf vielen Gebieten. Er formulierte die Gesetze der Himmelsmechanik, erfand zeitgleich mit Leibniz die Integralrechnung und betrieb bahnbrechende Forschungen auf so verschiedenen Gebieten wie dem Farbspektrum des Lichts oder der Messung der Schallgeschwindigkeit. Wenig bekannt ist, dass Newton auch ein große Schwäche für Haustiere hatte und dass manche davon ihn einige Nerven kosteten. So erlitt Newton fast einen Zusammenbruch, als einer seiner allerliebsten Hunde auf seinem Schreibtisch eine Kerze umgeworfen hatte und wichtige Aufzeichnungen verbrannt waren.

Newtons Auseinandersetzung mit einer enervierenden Katze führte zu glücklicheren Ergebnissen. Die Katzen (und die Hunde) der Welt sind diesem anmaßenden Haustier, dessen Name aus den Annalen getilgt ist, unermesslichen Dank. Denn nach der Legende störte dieses Tier Newton unablässig mit dem Verlangen, aus dem Haus hinaus oder in das Haus hinein gelassen zu werden. In seinem Ärger erarbeitete Newton eine Lösung: die Katzentür. Wenn heute eine Katze das Glück hat, ohne Bitten und Betteln zwischen Drinnen und Draußen ihres Weges gehen zu dürfen, so verdankt sie dies Isaac Newton und seinem unruhigen Plagegeist.

TEE CEE

Ein Kater warnt vor epileptischen Anfällen

Hätten sie nicht so schrullige, eigensinnige Persönlichkeiten, dann wären Katzen die erste Wahl für eine ganze Reihe von Aufgaben, die üblicherweise dienstbare Hunde erledigen. Als scharfe Beobachter registrieren sie die kleinsten Veränderungen in ihrer Umgebung. Sie wären bestimmt hervorragende Bewacher und Beschützer. Leider haben sie dieser Berufung bis zum heutigen Tag nicht entsprochen.

Mit einer Ausnahme: Der Kater Tee Cee ist in aller Welt bekannt für seine unheimliche Fähigkeit, epileptische Anfälle vorherzusagen. Gelernt hat er das wohl, um das Leid seines dankbaren Besitzers zu lindern. Dabei hat Tee Cee selbst allerhand Böses von Menschenhand erfahren. Mit seinen Brüdern und Schwestern wurde er kurz nach der Geburt in eine Kiste gestopft und in einen Fluss geworfen, dann aber von einem besseren Menschen gerettet und im Tierheim abgegeben. Dort adoptierte ihn Michael Edmonds aus Sheffield. Michael leidet an einer besonders heimtückischen Form der Epilepsie oder Fallsucht. Bei ihm führt die Krankheit plötzlich und ohne jede Vorwarnung zu sehr heftigen Starrkrämpfen. Er kann ohne Begleitung das Haus nicht verlassen, denn er muss immer und überall einen plötzlichen Anfall fürchten.

Michaels neuer Kater war wie ein Geschenk der Vorsehung. Denn er interessierte sich sehr für seinen neuen Besitzer – und zwar besonders dann, wenn dieser kurze Zeit später einen Anfall erlitt. Das fiel auf, weil Edmonds vor seinen Starrkrämpfen keinerlei Symptome aufweist, oder jedenfalls keine für Menschen erkennbaren Symptome. „Irgendwann merkten wir, dass Tee Cee meinen Stiefvater vor diesen Attacken merkwürdig anstarrt", erzählte Stieftochter Samantha Laidler der BBC. „Dann lief er zu meiner Mutter, wie um ihr zu sagen, dass etwas nicht stimmte. Er ist wie ein Frühwarnsystem, und auch wenn Hilfe kommt, bleibt er an Michaels Seite, bis er wieder bei Bewusstsein ist. Tee Cees Warnungen sind unschätzbar wertvoll für uns."

Tee Cees Verhalten kam so unerwartet, dass Michael und seine Angehörigen einige Zeit brauchten, um den Zusammenhang zwischen dem Starren des Katers und den epileptischen Anfällen zu erkennen. Doch dann verbreitete sich der Ruhm des rettenden Katers in alle Welt. 2006 wurde er für den angesehenen britischen *Rescue Cat of the Year Award* nominiert – eine beeindruckende Leistung für ein Tier, das einst buchstäblich wie Müll weggeworfen wurde.

CC

Der Katzenklon

Dieses Geschöpf mit dem ausnehmend witzigen Namen wurde berühmt als die einzigartigste und zugleich un-einzigartigste aller Katzen. CC kam 2001 im grellen Licht der Öffentlichkeit zur Welt. Ihre Initialen stehen für Copy Cat oder „Nachäfferin, Abschreiberin". Sie war die erste geklonte Katze der Welt.

Die überwiegend graue, aber dreifarbige Glückskatze war der krönende Abschluss eines Forschungsprogramms, das ursprünglich zum Klonen von Hunden in Gang gebracht worden war. 1997 stiftete der Unternehmer John Sperling rund vier Millionen Dollar, um Ersatz für seinen über alles geliebten Hund Missy entwickeln zu lassen. Nach jahrelanger Arbeit an der als *Missyplicity Project* bekannt gewordenen Verdopplungsaktion hatten die Wissenschaftler der A&M University in Texas etwas ganz Wichtiges über das Klonen von Hunden herausgefunden: Es ist sehr schwierig. Katzen zu klonen ist dagegen relativ einfach.

Wie gesagt, relativ einfach. Die Forscher erlitten 87 Bruchlandungen, bevor ihnen CC gelang. Im Jahr 2000 brachten John Sperling und Konsorten das Verfahren auf den Markt. Ihr

Angebot richtete sich an trauernde Hinterbliebene, die sich nichts sehnlicher wünschten als ein Duplikat ihrer verstorbenen Katze – und die einen mittleren fünfstelligen Betrag dafür zahlen konnten.

Die Geburt von CC verhieß dem Geschäftsmodell des Klonfabrikanten großen Erfolg. Wohlsituierte Katzenfreunde konnten nun bei einer Organisation Trost finden, deren Name *Genetic Savings & Clone* ganz nach einer Episode aus *Outer Limits – die unbekannte Dimension* klang. Die Firma erweiterte ihre Kapazitäten bis in die ungefähre Nähe einer Massenproduktion. Der vorausschauenden Kundschaft wurde empfohlen, noch zu Lebzeiten des Tieres dessen Erbgut auf einer „Katzenbank" zu verwahren und sich rechtzeitig für das „Neun Leben-Klonprogramm" vormerken zu lassen. Nach dem Ableben des Originals erzeugten Wissenschaftler in den modernst ausgestatteten Laboren der Firma in Madison, Wisconsin, aus der DNA einen Embryo und ließen ihn von einer Katzenleihmutter austragen.

Ist ein solches Wunder überhaupt mit Geld zu bezahlen? Durchaus. Katzenbesitzer konnten schon für rund 1000 Dollar das Erbgut ihres Lieblings einlagern lassen. Eine fertige Kopie kostete etwa 32 000 Dollar.

Aber die Investoren der Firma hatten Pech. Es gab einfach nicht genug Leute, die Blaupausen ihrer verstorbenen Katzen haben wollten. *Genetic Savings & Clone* musste Ende 2006 schließen. Interessanterweise konnte die Firma trotz allen erdenklichen Aufwands nicht garantieren, dass die Nachbildungen wirklich exakte Kopien der Originale waren. Offenbar wiederholt sich die Natur nur äußerst ungern. Obwohl die Klone über denselben genetischen Code wie die Originale verfügten, entstanden umweltbedingt manchmal kleinere – oder auch nicht ganz so kleine – Abweichungen. So stimmt zum Beispiel bei CC die DNA genau mit der ihrer Spenderin, einer getigerten Glückskatze namens Rainbow, überein. Trotzdem hat ihr Fell eine deutlich andere Farbe.

ACOUSTIC KITTY

Die CIA macht eine Katze zur Wanze

In den finsteren Zeiten des Kalten Krieges ging es in der geheimnisvollen Welt der Spionage hoch her. Beim Ringen um die militärische und wirtschaftliche Vorherrschaft auf der Welt erschien in der Sowjetunion und auch im Westen keine geheimdienstliche

List zu ausgefallen oder zu absurd. Was auch nur die geringste Aussicht auf strategisch wichtige Kenntnisse versprach, wurde ausprobiert. Doch selbst vor diesem Hintergrund erscheint das Vorhaben des CIA, eine herrenlose Katze zu einer Abhörstation auf vier Beinen umzurüsten, einigermaßen verrückt.

Die Öffentlichkeit erfuhr erst 2001 von dem Projekt. Seine Dokumentation fand sich in einem ganzen Paket von einst hoch geheimen, nun aber vom Science and Technology Directorate des Dienstes freigegebenen Dokumenten. Daraus geht hervor, dass man in den Sechzigerjahren ernsthaft daran arbeitete, Katzen Abhörgeräte einzuoperieren. Es entstand sogar ein Prototyp namens Acoustic Kitty. Diesem Tier wurden Mikrofone, Batterien und ein Funkempfänger implantiert. In seinem Schwanz steckte eine Sendeantenne. Doch das 16 Millionen Dollar teure Projekt endete schon beim ersten Feldversuch sehr plötzlich. Kurz nachdem Agenten die Spion-Katze in der Nähe eines Parks ausgesetzt hatten, wurde sie von einem Taxi überfahren. Es war ein gnädiges Ende für die arme Kreatur. Vielleicht erkannte Gott, Mutter Natur, das Schicksal oder wer auch immer, dass sich ein Haufen Verrückter an der elegantesten Schöpfung der Biologie verging und entschied sich für ein segensreiches Eingreifen.

ALL BALL

Eine Katze spielt mit einem Gorilla

Einst glaubten Naturforscher, dass das Herstellen und Verwenden von Werkzeugen eine ausschließlich menschliche Fähigkeit sei. Inzwischen ist klar, dass eine Reihe anderer Geschöpfe vom Schimpansen bis zu verschiedenen Vögeln diesen Trick auch beherrscht. Gibt es überhaupt Verhaltensweisen, durch die wir Menschen uns von den Tieren klar unterscheiden? Vielleicht sind wir ja darin einzigartig, dass wir andere Gattungen zu unseren Haustieren machen. Vielleicht aber auch nicht.

Wenn das Verhalten des Gorillaweibchens Koko ein Anhaltspunkt ist, dann sehnen sich auch Tiere nach dieser Art von Geselligkeit. Koko kam 1976 zur Welt und lebt in Woodside, Kalifornien. Sie ist in aller Welt berühmt für ihre angebliche Sprachbegabung. Ihr nahe stehende Zoologen behaupten, dass sie mehr als 1000 amerikanische Sprachsymbole erlernt hat und sie benutzt, um von körperlichen Bedürfnissen bis zu Launen alles Mögliche zu artikulieren.

1984 soll Koko ihren Wärtern mitgeteilt haben, dass sie sich zum Geburtstag ein Haustier wünsche. Kurze Zeit später wurde ein ganzer Wurf herrenloser Kätzchen herbeigeschafft, und Koko durfte sich eines davon aussuchen. Nachdem sie jedes einzelne genau untersucht hatte, entschied sie sich für einen schwanzlosen grauen Kater. Sie nannte ihn All Ball. Obwohl Koko unendlich viel größer und kräftiger war als ihre zarter Schützling, behandelte sie das Kätzchen mit erstaunlicher Sanftheit. All Ball wurde geknuddelt und geküsst. Er durfte auf Kokos Rücken herumtollen wie ein kleiner Gorilla.

Leider entkam All Ball im Dezember 1984 aus dem Gehege und wurde von einem Auto getötet. Koko war untröstlich. Sie weinte tagelang und brachte ihren Verlust gegenüber den Pflegern mit diversen Sprachzeichen zum Ausdruck. Als sie jemand fragte, was mit ihrem Haustier geschehen sei, antwortete sie: „Schlafen Katze." Als man ihr das Bild eines Kätzchens zeigte, das wie All Ball aussah, deutete sie: „Weinen, traurig, Stirnrunzeln."

Kann sich ein Gorilla wirklich über Sprachzeichen mitteilen? Vielleicht, vielleicht auch nicht. Einige Forscher bezweifeln, dass Koko wirklich begreift, was sie tut. Sie vermuten, dass ihr Wortgebrauch nur vom Wunschdenken der Betreuer in sinnvolle Botschaften übersetzt wird. Kaum bezweifeln lässt sich aber die intensive Reaktion von Koko auf den Tod ihres kleinen Freundes. Egal, ob sie nun die richtigen Worte für den Trauerschmerz fand oder nicht – empfunden hat sie ihn mit Sicherheit.

SCHRÖDINGERS KATZE

Die rätselhafteste Katze unseres Universums
und aller anderen möglichen Universen

Seit mehr als einem Jahrhundert ringen Physiker um ein besseres Verständnis der Quantenmechanik, also der Gesetzmäßigkeiten, die das Verhalten von subatomaren Teilchen bestimmen. Das hört sich unbedeutend an, ist es aber nicht. Denn quantenmechanisches Wissen ist unverzichtbar in so verschiedenen Bereichen wie der Kernenergie, der Computerwissenschaft oder der Gentechnik. Die Quantenmechanik ist aber auch zum Verrücktwerden, denn die unfassbar kleinen Teilchen verhalten sich partout nicht so, wie es gewöhnliche Menschen für normal oder auch nur für rational halten würden.

Eines der größten Rätsel ist die Frage, warum man im „großen" Universum die Bewegungen der Himmelskörper mit mathematischen Formeln berechnen und verlässlich vorhersagen kann, nicht aber in der Welt des Atoms. Zum Beispiel ist es den Physikern unmöglich, die Schwungmasse und Position eines Elektrons zu bestimmen, das sich um einen Atomkern dreht. Aus Sicht eines Laien bedeutet dies, dass unsere gesamte physische Welt aus Dingen gemacht ist, die wir nie in Erfahrung bringen können.

Große Geister haben enorme Mengen Kreide verbraucht und unzählige Tafeln vollgeschrieben, um das Geschehen in der winzigen Quantenwelt mit unserer „wirklichen" Welt zu vereinbaren. 1935 verdeutlichte der Physiker Erwin Schrödinger das Problem am Beispiel eines fiktiven russischen Roulettes mit einer Katze:

„Eine Katze wird in eine Stahlkammer gesperrt, zusammen mit folgender Höllenmaschine: In einem Geigerschen Zählrohr befindet sich eine winzige Menge radioaktiver Substanz, so wenig, dass im Laufe einer Stunde vielleicht eines von den Atomen zerfällt, ebenso wahrscheinlich aber auch keines; geschieht es, so spricht das Zählrohr an und betätigt über ein Relais ein Hämmerchen, das ein Kölbchen mit Blausäure zertrümmert." Öffnet man eine Stunde später die Kammer, so Schrödinger, dann findet man entweder eine lebende oder eine tote Katze vor.

Doch an diesem Punkt wird es merkwürdig. Denn nach allem, was wir bisher über die Quantenmechanik wissen, kann ein subatomares Teilchen wie der Atomkern in mehreren überlagerten Zuständen zugleich existieren, bis ihn ein äußerer

Einfluss zu einem bestimmten Verhalten zwingt. In der Welt der Quantenphysik genügt schon die bloße Beobachtung, um das zu bewerkstelligen. Indem also jemand von uns dem Atomkern zusieht, könnte er ihn allein dadurch dazu bringen, seinen Schwebezustand aufzugeben und sich für die eine oder andere Möglichkeit zu entscheiden.

Wer nach einer Stunde Schrödingers Stahlkammer öffnet, findet entweder eine lebende oder eine tote Katze vor. Aber was geschieht in der Kammer, bevor sie der Mensch öffnet und damit den Atomkern zu einer Entscheidung zwingt? Nach manchen Interpretationen der Quantentheorie geschehen in diesem Überlagerungszustand beide Dinge gleichzeitig. Der Atomkern ist zerfallen und nicht zerfallen. Die Katze ist tot und sie lebt. Manche Physiker glauben sogar, dass auch nach dem Öffnen der Kammer und nach dem Beobachten der Ergebnisse beide Möglichkeiten weiter bestehen. Zeit und Raum spalten sich auf, und zwei Universen schälen sich auseinander heraus. In dem einen lebt die Katze, in dem anderen stirbt sie.

Es kann nicht überraschen, dass Schrödingers rätselhafte Katze in den Kreisen der Wissenschaft zu einer kleinen Berühmtheit wurde. Gelehrige Anspielungen auf die Katze finden sich regelmäßig in Science-Fiction-Serien wie *Dr. Who* und *Futurama*. Schriftsteller von Ursula K. Le Guin über Robert A. Heinlein bis zu Robert Anton Wilson haben sie in ihre Bücher aufgenommen.

Ganz schön viel Medienrummel um ein Tier, das nicht von dieser Welt ist! Immerhin können sich ihre Fans damit trösten, dass sie zwar in unserem Winkel des Raum-Zeit-Kontinuums nicht existieren kann, sehr wohl aber anderswo im Multiversum der Quanten.

WEITERE HERAUSRAGENDE KATZENPERSÖNLICHKEITEN DER GESCHICHTE

DIE ERSTE BEKANNTE HAUSKATZE

entdeckten französische Archäologen in einem 9500 Jahre
alten Grab auf Zypern. Ganz in der Nähe fand man auch
die Ruhestätte ihres wahrscheinlichen Besitzers.

DOCTOR'S DEVILS

war der Spitzname zweier schwarzer Katzen im Besitz des Londoner
Kurpfuschers Gustavus Katterfelto. Er blendete die Leichtgläu-
bigen mit seiner Vorführung „wissenschaftlicher Wunder". Zumeist
waren das einfache elektrische Spielereien. Katterfelto nutzte die
statische Aufladung im Fell der identisch aussehenden Tiere, damit
bei seinen Darbietungen buchstäblich der Funke übersprang.

SIZI

war das heiß geliebte Haustier des Arztes und Theologen
Dr. Albert Schweitzer. Wenn Sizi auf dem linkem Arm
ihres Herren einschlief, hielt Schweitzer so lange still,
bis sich das Tier aus eigenem Antrieb trollte.

TAMA

wurde im Jahr 2000 von der japanischen Firma Omron entwickelt
und ist der erste industriell gefertigte Katzenroboter. Dank Druck-
sensoren kann sie Streicheleinheiten erkennen und darauf reagieren.

DIE ALLERGIEFREIE KATZE

wurde vor kurzem von der Firma Allerca in San
Diego gezüchtet. Auf gentechnischem Weg hat man
bei dieser Katze die Ausscheidung eines Proteins
unterdrückt, das Allergien auslösen kann.

GESCHICHTE
UND
POLITIK

NADJEM

Die erste Katze mit einem Namen

Allgemein nimmt man an, dass die Hauskatze von einem wilden afrikanischen Vorläufer abstammt – der Falbkatze oder *Felis silvestris lybica*, die an den Ufern des Nil heimisch war. Die ersten Bauern in dieser Gegend hatten große Mühe, ihre hart erarbeiteten Getreidevorräte vor Mäusen und Ratten zu schützen. Sie waren bestimmt überglücklich, als sich die kleinen, geschmeidigen Raubtiere auf der Suche nach leicht erbeuteten Nagern in der Nähe ihrer Speicher niederließen. Wahrscheinlich versuchten die Bauern auch, Katzen anzulocken und ihnen das Leben so angenehm wie möglich zu machen.

Es dauerte nicht lange, bis die Jäger der Wildnis durch und durch domestiziert waren. Sie schlichen sich nicht nur in die Bauernhäuser, sondern auch in die Kultur der Ägypter ein. Die Katzengöttin Bastet wurde ebenso wie ihre löwengestaltige, finstere Schwester Sekhmet zu einer Kultfigur. Generell betrachtete man Katzen als Überbringer göttlicher Botschaften. Sie umzubringen, galt als Todsünde. Wer eine Katze tötete, und sei es versehentlich, wurde oft an Ort und Stelle von einer wütenden Meute gelyncht. Verwöhnte ägyptische Hauskatzen trugen Ohren- und Nasenringe und sogar Halsketten. Nach ihrem Tod wurden sie oft mumifiziert und in verschwenderischen Zeremonien bestattet. Man hat hunderttausende Katzenmumien in Ägypten gefunden. Obwohl ihre Bildnisse Palastwände, Schriftrollen und Juwelen zierten, haben uns die Ägypter nur sehr wenig über ihre Katzen mitgeteilt. Wahrscheinlich hatten die meisten gar keine Namen. Sie wurden wohl einfach nur „die Miauenden" genannt.

Das macht eine Katze, die in der Regierungszeit von Pharao Thutmosis III. lebte, so besonders. Sie hieß Nadjem („die Teure", vielleicht auch „der Stern"). Nadjem wird an einer Wand im Grab des Beamten Puimre außerhalb der antiken Stadt Theben erwähnt. Außer ihrem Namen wissen wir nicht viel über sie. Sicher ist nur, dass Puimre seine Katze oder seinen Kater über alles geliebt haben muss. Leider wird er nie erfahren, welchen enormen Dienst er uns allein mit dieser kleinen Erwähnung getan hat. Denn Nadjem ist die allererste Katze der Welt, die wir bei ihrem Namen nennen können.

MUEZZA

Das Lieblingstier des Propheten

Das Christentum war der Katze gegenüber immer misstrauisch. Im Lauf der Jahrhunderte wurde das arme Geschöpf der unwahrscheinlichsten Verbrechen bezichtigt. Man glaubte unter anderem, dass Katzen den Atem von Neugeborenen stahlen und dass sie dem Satan als Handlanger dienten. Im Islam war das genaue Gegenteil der Fall: Die Katze genoss hier von Beginn an eine so hohe Wertschätzung, dass sie sogar in Moscheen zugelassen ist.

So viel Hochachtung verdanken die Katzen einem ihrer Vorfahren namens Muezza, dem geliebten Haustier des Propheten Mohammed. Eines Tages schlief Mohammeds treue Gefährtin auf dem Ärmel seines Mantels, als er zum Gebet gerufen wurde. Um die Katze nicht zu stören, schnitt er den Ärmel ab. Als er vom Gebet zurückkehrte, verneigte sich Muezza vor ihrem Herrn und wurde zur Belohnung drei Mal über den Rücken gestreichelt. Dieser Segen sicherte ihr einen Platz in der Nachwelt.

Nach anderen Berichten schlief Muezza auf Mohammeds Schoß, während der Prophet in seinem Haus predigte. Welche Art von Katze Muezza war, ist nicht überliefert. Das hat Liebhaber in aller Welt jedoch nicht davon abgehalten, sie wahlweise zur Tabby-, Angora- oder auch Abessinierkatze zu erklären.

DICK WHITTINGTONS KATZE

Eine Katze legt den Grundstein zu einer politischen Karriere

Auf dem Londoner Highgate Hill steht das Denkmal einer Katze, die schlicht Dick Whittingtons Katze genannt wird. Nach der Legende gehörte das Tier einem gewissen Richard Whittington, der von 1350 bis 1423 lebte und längere Zeit Bürgermeister von London war. Und doch wäre Whittington heute vielleicht vergessen – gäbe es nicht die Geschichte von seiner wunderbaren Katze. Dabei hat Whittington diese Katze höchstwahrscheinlich nie besessen.

Von Dick Whittington ist einiges bekannt. Er war der jüngere Sohn von Sir William Whittington, dem Herrn über Schloss Pauntley in der Grafschaft Gloucestershire. Er verdiente ein

Vermögen mit dem Verkauf von feinem Tuch. Er unterhielt gute Beziehungen zu König Richard II. und seinem Nachfolger Heinrich IV. Er heiratete eine Frau namens Alice Fitzwarren und übte, wie erwähnt, das Amt des Londoner Bürgermeisters aus. Sein riesiges Vermögen vererbte er karitativen Zwecken.

Kurze Zeit nach seinem Tod geschah etwas Merkwürdiges: Aus dem echten Whittington wurde eine Sagengestalt. Die Londoner wollten mehr über ihren Wohltäter wissen und erfanden für ihn eine Lebensgeschichte, die sich ausgerechnet um eine Katze drehte. Diese Legende stellt Whittington als einen einfachen Bauernburschen dar, der in die Stadt ging, um etwas aus sich zu machen. Er arbeitete für einen Kaufmann namens Fitzwarren und verliebte sich in dessen Tochter Alice. Doch sein einziger Besitz war eine Katze. Die gab er einem Schiffskapitän mit der Bitte, sie auf seinen Reisen zu verkaufen.

Eines Tages entschloss sich der Whittington der Sage, in seine Heimatstadt Gloucestershire zurückzukehren. Doch als er schon über den Highgate Hill stapfte, hörte er noch einmal die Glocken der Stadt. „Kehr um, Bürgermeister Whittington", schienen sie zu sagen, „Kehr um!" So ging er zurück zum Haus der Fitzwarrens und erfuhr dort, dass der Kapitän, dem er seine Katze anvertraut hatte, unterdessen mit unglaublichen

Neuigkeiten zurückgekehrt war. Ein Herrscher in der Fremde, in dessen Palast die Ratten regierten, hatte einen großen Haufen Gold für die Katze bezahlt. Dick war mit einem Schlag reich, heiratete Alice und wurde viermal zum Bürgermeister von London gewählt.

Diese Erzählung ist noch heute eine beliebte Kindergeschichte und taucht regelmäßig in Büchern, Theaterstücken und Puppenspielen auf. Vermutlich hätte dem echten Whittington die Geschichte gefallen. Die Katze, mit der er seinen Ruhm teilt, hat ihn unsterblich gemacht.

DER PROVIANTMEISTER

Eine Katze jagt Tauben,
um einem Galgenvogel zu helfen

In der gesamten Menschheitsgeschichte war Politik fast immer ein Spiel, bei dem alles dem Sieger gehört, während die Verlierer ihre Habe und ihr Leben einbüßen. Letzteres Schicksal hätte beinahe auch den 1460 im englischen Yorkshire geborenen Sir Henry Wyatt ereilt. Während der zweijährigen Herrschaft von

König Richard III. unterstützte er die Ansprüche von Henry Tudor, dem Grafen von Richmond, auf den Thron. Der König ließ Wyatt daraufhin im Tower of London einsperren, wo er eisiger Kälte ausgesetzt, gefoltert und planmäßig ausgehungert wurde.

Eines Tages jedoch spazierte eine Katze durch das Gitter vor dem Fenster des Verlieses, in dem Wyatt saß, und machte Bekanntschaft mit dessen ausgemergeltem Insassen. Wyatt war äußerst glücklich über diesen Besuch. Er streichelte und lobte die Katze. Die beiden wurden dicke Freunde, und das streunende Tier zögerte nicht, seinem menschlichen Gefährten das Leben zu retten, indem es Tauben erlegte und sie Wyatt in seine Zelle brachte.

Der halb verhungerte Häftling nahm die Tauben nur zu gerne an. Es gelang ihm, einen der Wärter zum Kochen und Zubereiten der Vögel zu überreden. Bald erhielt die Katze den Namen „acater" (Proviantmeister). Solcherart gestärkt, widerstand Wyatt aller Pein, bis Richard III. schließlich gestürzt und Henry Tudor als Heinrich VII. zum König gekrönt wurde. Es erübrigt sich zu sagen, dass sich das Geschick des ehemaligen Gefangenen von da an sehr rasch zum Besseren wendete. Nach seiner Befreiung aus dem Verlies im Tower wurde er mit Reichtum und Würden überhäuft. Wyatt erreichte das damals biblische Alter von 80 Jahren.

In all dieser Zeit vergaß er nie, was er der freundlichen Katze im Tower verdankte. Über ihr weiteres Schicksal verraten die Quellen nichts. Aber es gibt Anlass zur Hoffnung, dass Wyatt seiner Wohltäterin ebenso viel Gutes tat wie allen anderen Katzen, die ihm über den Weg liefen. „Sir Henry machte auch im großen Reichtum um jede Katze viel Aufhebens, und wahrscheinlich wird sich kein Bild von ihm finden, auf dem er nicht in Begleitung einer Katze ist", berichtet ein Zeitgenosse.

Heute findet sich in der Kirche der Heiligen Jungfrau Maria und Allerheiligen von Maidstone ein steinernes Denkmal zu Ehren Wyatts, „der im Tower eingekerkert und gefoltert wurde unter der Herrschaft von König Richard dem Dritten, festgehalten im Verlies und daselbst verköstigt und gerettet von einer Katze". Das Denkmal kann als eine Art Prüfstein für die große Nachkommenschaft der Familie Wyatt gelten, der es heute in den Vereinigten Staaten und Kanada sehr gut geht – und die heute so gut wie ausgestorben wäre, hätte es damals nicht diese eine, erfinderische Katze gegeben.

MANEKI NEKO

Wie eine einsame Tempelkatze zum
Glücksbringer der Japaner wurde

In fast allen japanischen Geschäften, Restaurants oder Bars findet man eine kleine Katzenskulptur aus Porzellan, die in der Nähe des Eingangs kauert. Sie ist ein Geschöpf wie aus einem Comic. Sie lächelt sanft und hält in der einen Pfote eine Goldmünze. Die andere Pfote (es kann die linke oder rechte sein) erhebt sie zu einer herbeirufenden Geste. Das ist die berühmte Maneki Neko oder Winkekatze: ein Talisman, der angeblich jedem von uns Wohlstand und Glück bringen kann. Maneki Neko ist wahrscheinlich keine reine Sagengestalt. Unter Umständen geht sie auf eine wirkliche, schildpattgemusterte Katze zurück, die einst vor einem buddhistischen Schrein saß und einem vorbei reitenden Adeligen das Leben rettete, indem sie ihn zu sich rief.

Dieses Ereignis wird in mehreren Varianten derselben Geschichte erzählt. Die folgende Fassung ist die bekannteste: Irgendwann in der Edo-Zeit Japans (1603-1867) kam ein edler Herr zu Pferd an einem heruntergekommenen Tempel außerhalb von Tokio vorbei. Zufällig bemerkte er, dass ihn die Katze des Tempelwärters herbeiwinkte. Neugierig und vielleicht etwas empört stieg er vom Pferd und ging zu der Katze. In diesem Augenblick schlug ein Blitz mitten auf der Straße ein – genau dort, wo der Mann eben noch gestanden hatte. Der Adelige war überzeugt, dass ihn die Katze vor dem Tod bewahrt hatte, und schenkte dem Tempel Ländereien und Geld. Als die Katze Jahre später starb, ließ er zu ihren Ehren die erste Maneki-Neko-Statue errichten.

Nach anderen Versionen der Geschichte handelte es sich bei dem Tempel um das berühmten Gotoku-ji-Heiligtum bei Tokio. Ob die Geschichte wahr ist oder nicht, muss jeder für sich entscheiden. Über jeden Zweifel erhaben ist die Popularität der Katzenfiguren in Japan. Sie werden zu Millionen hergestellt, und es gibt sie als Sparschweine ebenso wie als Zierde für das Armaturenbrett. Allen gemeinsam ist, dass sie genau wie das Original ihren Besitzern Glück und Reichtum einbringen sollen.

Auf den Schwingen der Popkultur hat sich der Glücksbringer auf der ganzen Welt verbreitet, zum Teil in überrraschenden Abwandlungen. Mauzi, eine der bekanntesten Pokémon-Figuren, ist eine Verkörperung von Maneki Neko. Auch die allgegenwärtige Hello Kitty ähnelt mehr als nur oberflächlich der berühmten Tempelkatze – schon ihr Name gilt manchen als eine ungefähre Übersetzung der „Winkekatze".

RUTTERKIN

Eine Katze wird wegen Mordes angeklagt

Im Mittelalter hatten europäische Katzen wohl den schlechtesten Ruf in ihrer gesamten Geschichte. Man warf ihnen vor, Handlanger des Bösen zu sein und den Hexen als Dämonen zu dienen. Gelegentlich wurden sie vom Papst verflucht, und die Abneigung gegen Katzen konnte sich zu einer solchen Hysterie steigern, dass man die Tiere in ganzen Städten ausrottete.

Zu einem ähnlichen Exzess kam es 1618 in der englischen Stadt Lincoln. Joan Flower wurde gemeinsam mit ihren Töchtern Margaret und Philippa von einem örtlichen Gericht beschuldigt, mit Hilfe der schwarzen Magie Rache an ihren Arbeitgebern, dem Grafen und der Gräfin von Rutland, zu üben. Die Annalen schweigen über die Gründe für den Zorn der Flowers. Dagegen beschreiben sie das angebliche Vorgehen der drei Frauen mit aller gerichtsmedizinischen Akribie. Die Flowers gestanden (wie damals üblich unter eingehender Befragung und Folter), dass die Mutter einen Tierdämon namens Rutterkin besaß, der die Gestalt einer finster dreinsehenden, schwarzen Katze annahm. Mit Hilfe dieser Katze verfluchte sie die gräflichen Herrschaften. Eine ihrer häufig angewandten Listen bestand darin, einem Mitglied der Adelsfamilie die Handschuhe zu entwenden, sie zu kochen und mit Nadeln zu durchbohren und dann Rutterkins Rücken damit zu streicheln. Nach den Gerichtsakten führte diese eigenwillige Form der Hexerei zum Tod von Lord Ross, dem Sohn des Grafen von Rutland.

Und was bekam die dämonische Katze für ihre Dienste? Außer an den unsterblichen Seelen der Frauen durfte sie sich auch noch am Blut der Joan Flower laben.

Der Tod von Lord Ross und verschiedene Krankheiten in der nahen Verwandtschaft hatten den Grafen von Rutland endgültig davon überzeugt, dass die Flowers seiner Familie nach dem Leben trachteten. Nachdem die drei Frauen alle routinemäßigen Vernehmungskünste der mittelalterlichen Justiz überstanden und ihre Geständnisse unterschrieben hatten, starb Joan noch in der Obhut des Gerichts. Die Töchter wurden auf dem Scheiterhaufen verbrannt.

Und Rutterkin? Man kann nur hoffen, dass er schlau genug war, sich aus dem Staub zu machen. Seinesgleichen wurde in der Geschichte der Christenheit dermaßen übel verleumdet, dass er wohl keine Aussicht auf eine unvoreingenommene

Anhörung gehabt hätte. Selbst heute noch, in unseren angeblich so aufgeklärten Zeiten, werden seine Nachfahren auf Halloween-Karten oder in billigem Horror-Trash schlecht gemacht. Die schwarzen Katzen von heute stehen buchstäblich noch mit einer Pfote im Finsteren Zeitalter.

SINH

Eine sagenumwobene Katze als erste Heilige Birma

Wenige Katzenrassen haben eine so schillernde – und so blutige – Geschichte wie die Heilige Birma. Diese elegante und unverwechselbare Langhaarkatze verdankt ihr Dasein zwei sehr unterschiedlichen Vorfahren – eine davon ein Fabelwesen, die andere real.

Das Fabelwesen gehörte zu einer Hundertschaft von schneeweißen, gelbäugigen Katzen, die im Tempel von Lao-Tsun in Birma lebten. Dort verehrte das Volk der Khmer eine goldene, blauäugige Göttin der Transmutation aller Seelen. Mun-Ha war der oberste Mönch dieses Heiligtums, und Sinh hieß der Kater, den Mun-Ha von allen Tempelkatzen am meisten mochte.

Eines Nachts überfielen Plünderer den Tempel und verwundeten Mun-Ha tödlich. Noch während der Mönch im Sterben lag, legte Sinh die Pfoten auf die Brust seines Herren und sah zur goldenen Statue der Göttin. Plötzlich nahm sein weißer Körper die Farbe der Göttin an, und seine Augen strahlten saphirblau. Seine Beine wurden braun wie die Erde. Nur seine Pfoten, die den Körper des sterbenden Priesters berührt hatten, blieben weiß als Sinnbild der Reinheit. Kurze Zeit später machten alle anderen Tempelkatzen eine ähnliche Verwandlung durch.

Sinh hatte die Seele von Mun-Ha in sich aufgenommen und verharrte regungslos vor der Statue von Lao-Tsun. Seine Augen waren vom Blick der Göttin gebannt. Nach sieben Tagen starb er, um den Geist seines Herren in den Himmel zu entlassen. Wann immer danach eine der Tempelkatzen starb, so die Überlieferung, wurde sie von der Seele eines verstorbenen Priesters ins Paradies geleitet.

In einer bitteren Ironie der Geschichte trug eine ähnliche Trägödie wesentlich dazu bei, dass die Heilige Birma ihren Weg nach Europa fand. Denn Anfang des 20. Jahrhunderts wurde der alte Tempel von Lao-Tsun erneut von Plünderern heimgesucht. Diesmal standen aber zwei Fremde – der britische Offizier Gordon Russel und sein Freund Auguste Pavie – bereit, um bei der

Abwehr des Angriffs zu helfen. Einige Zeit später, im Jahr 1919, sandten die Mönche dem inzwischen nach Europa zurückgekehrten Pavie ein Geschenk: zwei Heilige-Birma-Katzen, ein Männchen und ein Weibchen. Der Kater war auf der langen Seereise in seine neue Heimat gestorben, aber die Katze kam wohlbehalten an und war außerdem trächtig. Allgemein wird angenommen, dass diese Katze mit ihrem ersten Wurf den Ursprung aller Heiligen Birmas in Europa und in den USA bildet.

SIAM

Amerikas erste Siamkatze

Jahrhundertelang gab es die weltberühmte Siamkatze nur in Thailand. Dort hüteten die Tiere angeblich buddhistische Tempel und gehörten zur Entourage der Königsfamilie. Dabei hat ihnen ihre berückende Schönheit sicher nicht geschadet. Schon damals zeichnete sich eine typische Siamkatze durch ihre helles Fell und ihre schwarze Pfoten, einen schwarzen Schwanz und ein schwarzes Gesicht aus, in dem blaue Augen glitzerten.

Das Schicksal bestimmte die Siamkatze zu einer der beliebtesten Rassen der Welt – und das, obwohl sie bis Ende des 19. Jahrhunderts außerhalb ihrer Heimat so gut wie unbekannt war. 1878 gelangte erstmals eine Abgesandte der Dynastie nach Amerika. Damals kam der Diplomat David B. Sickels am US-Konsulat in Bangkok auf die Idee, der Gattin von Präsident Rutherford B. Hayes ein solches Tier zu verehren.

Wenn man bedenkt, was die arme Katze alles durchmachte, bis sie endlich in Amerika ankam, so ist es ein Segen, dass Siamkatzen erst so spät in der Geschichte ihre Heimat verließen. Es dauerte zwei Monate, sie auf dem Landweg von Bangkok nach Hongkong zu bringen. Von dort wurde sie nach San Francisco verschifft und durchquerte anschließend ganz Nordamerika bis nach Washington, D.C. Anfang 1879 langte sie endlich, in eine Kiste der Spedition *Wells Fargo* gekauert, beim Weißen Haus an.

Die Präsidentenfamilie war begeistert und nannte die exotisch aussehende Katze Siam. Siam fand Gefallen an den weitläufigen Arbeitsräumen des Weißen Hauses. Sie schlich sich häufig in Besprechungen ein und sorgte bei offiziellen Anlässen für Aufsehen.

Leider dauerte ihr Aufenthalt in den Vereinigten Staaten nicht lange. Schon im Herbst 1879 wurde sie krank. Die Angestellten des Weißen Hauses verwöhnten sie mit jeder nur erdenklichen Delikatesse, und sogar der Leibarzt des Präsidenten, ein gewisser J. H. Baxter, wurde gerufen. Er nahm Siam mit nach Hause, um sie dort rund um die Uhr zu betreuen, aber alle Mühe war vergeblich. Im Oktober desselben Jahres starb sie.

Der Präsident, seine Familie, die Angestellten des Weißen Hauses und die Katzenliebhaber der Nation waren zutiefst betrübt, denn Siam hatte in den wenigen Monaten ihrer Anwesenheit überall mächtig Eindruck gemacht. Möglicherweise befinden sich die Überreste der Katze sogar noch heute irgendwo in den unergründlichen Eingeweiden des Staates. Nach Siams Tod überbrachte Billy Crump, der Diener des Präsidenten, ihre Leiche angeblich dem Landwirtschaftsminister mit der Anweisung, sie präparieren zu lassen. Ob das tatsächlich geschah und wo sich das ausgestopfte Tier befinden könnte, weiß aber niemand. Auch die gründliche Suche in den Archiven des Landwirtschaftsministeriums und im Washingtoner Museum *Smithsonian Institution* brachten keine Ergebnisse. Siam wurde mit Haut und Haaren von der Geschichte verschluckt.

TIGER

Eine Katze wird aus dem Weißen Haus entführt

Wenige Katzen haben auf höchster Ebene so viel Betroffenheit ausgelöst wie Tiger, eine der Katzen des 30. Präsidenten der Vereinigten Staaten. Calvin Coolidge amtierte von 1923 bis 1929 und war vermutlich der größte Tierfreund, der je Amerika regierte. In seinen beiden Amtszeiten verwandelte er das Weiße Haus in einen Zoo. Seine Frau Grace und er hielten Einzug mit einer ganzen Vogelschar, darunter Kanarienvögel und eine Gans namens Enoch. Außerdem besaßen sie den Esel Ebenezer, einen halbwilden Rotluchs namens Smokey und eine unübersehbare Zahl von Hunden, unter denen sich Collies, Shetland-Hirtenhunde und Bulldoggen befanden. Ausländische Besucher wurden über die Vorliebe des Präsidentenpaars aufgeklärt und schenkten Löwenbabys, einen Bären und sogar ein Zwergnashorn.

Zu dieser Sammlung gehörten auch die beiden Katzen Tiger und Blacky. Vor allem Tiger war regelmäßig in den Schlagzeilen. Der Präsident hatte nämlich die Angewohnheit, sich Tiger beim Herumgehen im Weißen Haus um den Nacken zu legen. Bei offiziellen Anlässen ging man davon aus, dass irgendwann die Katze hereinspazierte, dem Treiben eine Weile zusah und dann wieder verschwand.

Das Streunen wurde Tiger schließlich zum Verhängnis. Zu Coolidges Zeiten kam niemand auf die Idee, Katzen ins Haus zu sperren – auch nicht die Katzen des Präsidenten der Vereinigten Staaten. Wenn ihr danach war, konnte Tiger jederzeit durch den Eisenzaun rund um das Grundstück 1600 Pennysylvania Avenue in Washington, D.C. entschlüpfen und die Hauptstadt erkunden. Es war ihr wohl ziemlich oft danach. Als Tiger eines Tages nicht mehr zurückkehrte, war der Präsident in solcher Sorge, dass er ihr Verschwinden in einer Radioansprache erwähnte. Wer immer Tiger zu Gesicht bekam, bat Coolidge, möge sie bitte nach Hause schicken. Der Aufruf hatte Erfolg. Kurz darauf wurde die eigensinnige Katze in der Nähe des Lincoln Memorial etwa einen Kilometer vom weißen Haus entfernt entdeckt und zurückgebracht.

Nach diesem Vorfall bekamen Tiger ein grünes und Blacky ein rotes Halsband verpasst. Daran hing je eine Metallplakette mit den eingravierten Worten „Weißes Haus". Leider verschwand Tiger kurze Zeit später erneut, diesmal für immer. Grace Coolidge fragte sich im Nachhinein, ob die Halsbänder vielleicht ein Fehler gewesen waren. Gedacht waren sie als Erkennungszeichen. In Wirklichkeit machten sie Tiger zur Mutter aller tierischen Andenken.

OSKAR

Eine Katze versenkt die Bismarck – und

noch mehrere andere Schiffe danach

Im Mai 1941 erhielt das größte deutsche Schlachtschiff, die *Bismarck*, den Befehl, in den Nordatlantik vorzustoßen. Dort sollte sie die großen Versorgungsflotten angreifen, die von Kanada und den Vereinigten Staaten aus Großbritannien mit lebenswichtigem Nachschub versorgten. Die *Bismarck* galt damals als das kampfkräftigste Kriegsschiff der Welt. Sie war für ihr Mission bestens gerüstet. Die britische Kriegsmarine tat alles, um ihre Nabelschnur zur Neuen Welt zu schützen. Sie attackierte den riesigen Panzerkreuzer, sobald er auf hoher See war. Nach einem blutigen dreitägigen Kampf war die *Bismarck* nur noch Schrott und sank. Von ihrer zweitausend Mann starken Besatzung überlebten nur einige wenige Mitglieder.

Zu diesen Glücklichen gehörte auch der Schiffskater Oskar. Er wurde vom britischen Zerstörer *HMS Cossack* an Bord genommen. Die Besatzung taufte den schwarzen Kater mit der weißen Brust Unsinkable Sam und machte ihn zu ihrem Maskottchen. Aber Sam war alles andere als ein Glücksbringer. Keine fünf Monate später wurde die *HMS Cossack* von einem deutschen U-Boot torpediert und sank auf den Grund des Meeres. Wieder überlebte der Kater, der anschließend auf dem Flugzeugträger *HMS Ark Royal* eine neue Unterkunft fand. Doch nur drei Wochen später wurde auch die *Ark Royal* von Torpedos versenkt. Vielleicht war es eine Art Vergeltung: Denn ein Geschoss aus diesem Flugzeugträger hatte das Steuerruder der *Bismarck* zerstört, was zur Einkreisung und Zerstörung von Oskars einstigen Zuhause führte.

Ein drittes Mal schaffte es der Kater auf geheimen Wegen, dem Seemannsgrab zu entkommen. Er wurde vom Zerstörer *HMS Legion* an Bord gefischt. Doch die Marine schreckte davor zurück, einen so offensichtlichen Unglücksraben von einem Kater ein weiteres Mal an Bord eines Kriegsschiffs zu lassen. Oskar bzw. Sam wurde zur Landratte gemacht. Er verbrachte das Ende seines langen Lebens in einem Seemannsheim in Belfast und starb 1955. Zum Glück riss er keine weiteren Schiffe mit in den Tod.

JOCK

Die Katze, aus der ein historische Sehenswürdigkeit wurde

Winston Churchill gehörte zu den größten Katzenliebhabern der Geschichte. In seinem Leben war er fast immer von einer oder mehreren Katzen umgeben. Zu den bekanntesten von ihnen gehört eine, die ganz einfach „Katze" hieß. Als „Katze" einmal davon rannte, weil Churchill sie angeschrien hatte, ließ dieser eine Tafel am Fenster seines Hauses anbringen. Darauf stand geschrieben: „Katze, komm nach Hause, alles vergeben und vergessen."

Die Katze kehrte tatsächlich wieder zurück und erhielt, als Abbitte und Werbung um ihre Gunst, alle möglichen Leckerbissen.

Während des 2. Weltkriegs war Churchills prominentester Mitstreiter in der Downing Street ein Kater namens Nelson. Er folgte Churchill überall hin und war selbst bei wichtigen Besprechungen dabei. Churchill bezeichnete Nelsons Anwesenheit als eine kriegswichtige Leistung, denn er diente als „Kanzlerwärmflasche". Der langlebigste unter Churchills felinen Verbündeten war – und ist bis heute – ein rotbrauner Kater, den er zu seinem 88. Geburtstag bekam. Da der Kater ein Geschenk seines Privatsekretärs Sir John Colville war, erhielt er dessen Spitznamen Jock.

Der Neuzugang erfreute sich sofort größter Beliebtheit. Jock saß auf Churchills Knien, als dieser Fotos für die Hochzeit eines seiner Enkel machen ließ. Aber die beiden hatten nicht mehr viel gemeinsame Zeit. Jock war erst zwei Jahre alt, als Churchill 1965 starb. Er saß am Bett seines Herren, als der große alte Mann seinen letzten Atem aushauchte. Jock blieb im Haus der Familie in Chartwell, bis er 1974 selbst das Zeitliche segnete. Er wurde auf einem Tierfriedhof begraben, der sich auf dem Anwesen befindet.

Aber damit ist die Geschichte noch nicht zu Ende. Churchill vermachte Chartwell dem Staat, wodurch aus dem Gut eine

Gedenkstätte wurde. Er stellte in seinem Testament aber eine Bedingung: Auf dem Besitz muss immer Platz für eine rotbraune Katze namens Jock sein. Derzeit wird das Amt von Jock III. ausgeübt. Für die Konservatoren einer nationalen Gedenkstätte ist es mitunter nervenaufreibend, eine streunende Katze zu dulden. Das Personal unternimmt alles nur Erdenkliche, damit Jock seine Krallen nicht am Mobiliar ausprobiert oder den Goldfisch aus einem Glas holt, das für immer und ewig auf Churchills Schreibtisch stehen wird. Die meiste Zeit verbringt Jock draußen. Er fängt ab und zu eine Maus, sonnt sich im Garten und genießt die Weitsicht eines gutmütigen Herren, von dem er nie das Geringste ahnen wird.

AHMEDABAD

—·≡≡×≡≡●≡≡×≡≡·—

Eine Katze löst eine politische Krise aus

Anfang der Sechzigerjahre war der berühmte amerikanische Diplomat John Kenneth Galbraith 27 Monate lang Botschafter an der US-Gesandtschaft in Indien. In seiner Amtszeit musste er heikle Situationen wie Amerikas Einmischung in den Krieg zwischen Indien und China und den Konflikt um die Beziehungen seines Landes zu Pakistan meistern. Aber diese Spannungen waren nichts gegen einen diplomatischen Skandal, der durch ein Mitglied seines eigenen Haushalts ausgelöst wurde – und dabei handelte es sich noch nicht einmal um einen Menschen. Die hitzigste Auseinandersetzung in Galbraiths Zeit als Botschafter in Indien entzündete sich an einem Missverständnis rund um seinen Kater Ahmedabad.

Alles begann 1962, im Jahr des indisch-chinesischen Krieges. Bei einem offiziellen Besuch im indischen Bundesstaat Gujarat erhielten die beiden Söhne Galbraiths je ein Siamkätzchen zum Geschenk. Das eine bekam einen vollkommen unverfänglichen Namen und ist längst vergessen. Das andere erhielt einen Namen, der damals bestimmt ebenso unspektakulär schien. Es hieß Ahmedabad, nach der Stadt, in der sie geboren wurde.

Das allein war noch kein Problem. Doch unglücklicherweise verkürzte die Familie Galbraith den langen Namen mit der Zeit zu Ahmed. Bald mussten sie aber erfahren, das Ahmed einer der vielen, vielen anderen Namen des Propheten Mohammed ist. Und das wurde nun allerdings zu einem riesigen Problem.

Kurz nachdem die Katze beiläufig in einem Zeitungsartikel erwähnt wurde, brachen im benachbarten Pakistan Tumulte aus. In dem muslimischen Land wurde der Name der Katze als Verhöhnung des Islams aufgefasst. Aufgebrachte Gläubige bewarfen amerikanische Einrichtungen mit Steinen, und im ganzen Land forderten Mullahs den Kopf von John Kenneth Galbraith. „Ich finde nicht, dass die Pakistanis überreagiert haben", schrieb dieser dazu in seinen Erinnerungen. „In den finsteren Winkeln unseres amerikanischen Bibelgürtels gäbe es sicher auch harsche Kritik an einem pakistanischen Botschafter, der in einer Zeit angespannter Beziehungen zwischen den Ländern seinen Hund ‚Jesus' genannt hätte – und sei es in völliger Ahnungslosigkeit."

Die Krise wurde schließlich beigelegt – nachdem der Diplomat immer wieder und sehr ausführlich erklärt hatte, dass die Katze in keiner wie immer gearteten Form nach einer Person benannt war, schon gar nicht nach einem Propheten. Um weiteren Missverständnissen vorzubeugen, wurde das Tier auf den Namen ,Gujarat' umgetauft. Die Verstimmung hatte mit viel Gebrüll begonnen und endete mit einem Miauen. „Die meisten Laien haben keine Vorstellung, wie viel in der Politik vom Namen einer Katze abhängen kann", schrieb Galbraith.

SMUDGE

Eine Katze tritt einer Gewerkschaft bei

In einigen Industriezweigen hat man kaum Aussicht auf berufliches Fortkommen, wenn man nicht Mitglied einer Gewerkschaft ist. So ging es auch der Angestellten einer Kultureinrichtung namens People's Palace im schottischen Glasgow. Sie war eine ehemalige Streunerin und hieß Smudge. Von 1979 bis zu ihrer Pensionierung im Jahr 1990 arbeitete sie als Mäusejägerin im „Palast des Volkes". Smudge wurde ein Star. Sie diente als Sprecherin verschiedener örtlicher Vereine und Inititativen. Ihr Gesicht zierte Keramikstatuen, T-Shirts und viele andere Geschenkartikel im hauseigenen Shop. Als sie 1987 für drei Wochen verschwand, führten mitreißende öffentliche Aufrufe von höchster Stelle zu ihrer Entdeckung und Rückkehr.

Kaum etwas trug so sehr zur Beliebtheit von Smudge bei wie ihr Beitritt zur Gewerkschaft. Zuerst stellten ihre Kollegen im *People's Palace* einen Aufnahmeantrag bei der *National and Local Government Officers Association* in der Kategorie „einfache Arbeiter". Smudge wurde dort jedoch abgelehnt und ging statt dessen zur *General, Municipal and Boiler-makers Trade Union*, wo sie sehr willkommen war. Bis zu ihrem Tod im Jahr 2000 blieb sie der Gewerkschaftsbewegung eng verbunden.

HUMPHREY

Die umstrittenste Katze Englands

Traditionell teilen britische Premierminister ihren Amtssitz in der Londoner Downing Street Nr. 10 mit Katzen. Das hat nicht allein mit Zuneigung zu tun. In dem wuchernden Regierungsgebäude gibt es nämlich ein Rattenproblem, und die Katzen haben hier immer für Lohn und Brot gearbeitet.

Das galt auch für einen Mäusefänger namens Humphrey. Durch einen Beamten von der Straße aufgelesen und nach einer Figur in der englischen Politsatire Yes, Minister benannt, nahm Humphrey 1988 unter Margaret Thatcher seine Tätigkeit auf. Er ersetzte den kurz zuvor verstorbenen Kater Wilberforce. Für ein jährliches Salär von rund 100 Pfund machte Humphrey dem Ungeziefer im Haus das Leben so schwer – und so kurz – wie nur möglich. Er versah seinen Dienst bis zum Ende der Regierung Thatcher und auch der ihres Nachfolgers John Major.

Zum Glück hatte Humphrey Arbeit genug, um sich von den zahlreichen Querelen rund um seine Person abzulenken. 1994 beschuldigten ihn die Medien, er habe ein Nest voll frisch geschlüpfter Rotkehlchen in einem Blumenkasten vor John Majors Büro ausgeraubt. Die Regierung reagierte auf diese Anschuldigungen mit ungewöhnlich scharfen Worten: Sie seien schlicht „verleumderisch".

Doch das war nur ein leiser Vorgeschmack auf die Ereignisse des Juni 1995, als Humphrey plötzlich verschwand. Als es scheinbar keine Hoffnung mehr für ihn gab, veröffentlichte das Amt des Premierministers schließlich am 25. September eine Notiz, in der man den mutmaßlichen Tod des Mitarbeiters beklagte. Doch kurz danach stellte sich heraus, dass Humphrey am Heereskrankenhaus *Royal Army Medical College* fälschlich für einen Streuner gehalten und aufgenommen worden war.

Er hatte dort den neuen Namen PC erhalten, was in diesem Fall nicht für „politisch korrekt", sondern für „Patrol Car" – Streifenwagen – stand.

Zur heftigsten Auseinandersetzung in Humphreys gesamter Laufbahn kam es, als John Majors konservative Regierung von Tony Blair ersetzt wurde. Bald verbreitete sich das Gerücht, dass Tony Blairs Frau Cherie Humphrey entweder nicht mochte oder allergisch auf ihn reagierte. Im November 1997 wurde schließlich bekannt, dass man den Kater einem nicht genannten älteren Ehepaar übergeben habe, auf dass er dort seinen „Ruhestand" genieße. An dieser Mitteilung entzündeten sich wiederum Gerüchte, Humphrey sei einer klammheimlichen Euthanasie anheimgefallen. Sie versiegten erst, als die Regierung Fotos von Humphrey neben einer aktuellen Tageszeitung an seinem neuen (und geheimen) Wohnsitz veröffentlichte.

Der Dauerstreit um Humphrey endete schließlich, als dieser im März 2006 von aller Mühsal erlöst wurde. Zu seinem Glück hatte der kampfgestählte Mäusefänger-Veteran im Lauf seiner Dienstzeit von den öffentlichen Turbulenzen nichts mitbekommen.

BLACKIE

Ein Kater lernt sprechen – und verklagen

Die Jura-Lehrbücher der Vereinigten Staaten sind gefüllt mit bahnbrechenden Musterprozessen des bürgerlichen Rechts. Einer der unterhaltsamsten von allen dreht sich um einen schwarzen Kater aus dem Staat South Carolina. Das Ehepaar

Carl und Elaine Miles gab an, dass es ihn in den späten Siebzigerjahren in einer Pension erworben hatte. Ein Mädchen hatte ihnen eine Schachtel voll mit Kätzchen gezeigt und gefragt, ob sie eines davon haben wollten. „Ich sagte: Nein, ich will keines", erzählte Carl bei einer Vernehmung vor Gericht. „Und während ich von der Schachtel mit den Kätzchen wegging, sagte eine Stimme zu mir: ‚Nimm das schwarze Kätzchen'. Ich nahm das schwarze Kätzchen, ohne dass mir irgendetwas Ungewöhnliches daran aufgefallen wäre."

Bald jedoch traten die ersten Merkwürdigkeiten zutage. Einige Monate später überzeugte sich Carl unter der Einflüsterung dessen, was er „die Stimme Gottes" nannte, dass der Kater mit ihm sprechen wollte. Er versuchte, ihm durch eine Art Sprachtherapie für Katzen dabei zu helfen, nahm Blackies Geräusche auf Tonband auf und spielte sie ihm immer wieder vor. Außerdem brachte er ihm bei, seinem Herren beim Sprechen auf die Lippen zu sehen.

Diese Mühe machte sich bezahlt. Schon mit sechs Monaten begann der Kater, wenn auch stockend, zu „sprechen". Kurz danach konnte er eine Handvoll Phrasen gerade so deutlich artikulieren, dass sich Vermittlungsagenturen für ihn zu interessieren begannen. Blackie sprach gegen Honorar im Radio und Fernsehen. Er hatte sogar einen Auftritt in der Skurrilitäten-Show *That's Incredible*.

Doch schon bald danach war Blackies Stern am Sinken. Im Mai 1981 konnten Carl und Elaine Miles ihren Kater nur noch auf den Straßen von Augusta im Staat Georgia vorführen. Dort sagte er zu Passanten Sätze wie „Ich will meine Mama" oder „Ich liebe dich" und bekam dafür Almosen. Leider imponierte das der Polizei in Georgia nicht besonders. Sie bestand darauf, dass das Besitzerpaar eine Gewerbelizenz für 50 Dollar erwarb. Das taten die beiden, doch anschließend verklagten sie die Stadt. Begründung: In dem betreffenden Gesetz stehe nichts von sprechenden Tieren. Das reichte schon, um den Fall interessant zu machen. Doch Carl und Elaine Miles vertraten außerdem die Ansicht, eine Straßenhandelslizenz verletze ihr Recht auf freie Meinungsäußerung und öffentliche Versammlung – und zwar nicht nur ihres, sondern auch das von Blackie.

Die Argumentation war zumindest originell, und sie hätte vielleicht das Leben von jaulenden Streunern und plaudernden Siamkatzen im ganzen Land erleichtert, wenn ihr denn die Gerichte nachgegeben hätten. Doch leider – wenngleich vorhersehbar – taten sie das nicht. Das Paar unterlag vor dem Bezirksgericht mit der Begründung, dass die örtlichen Gewerbebestimmungen zwar nicht ausdrücklich sprechende Tiere erwähnten, dass die Tätigkeit der Miles' aber eindeutig gewerblicher Natur und daher genehmigungspflichtig sei.

Der Fall gelangte vor ein Berufungsgericht, das die Kläger ebenfalls zur Zahlung des Streitwerts von 50 Dollar verurteilte. Die Richter fühlten sich außerdem bemüßigt, zum fraglichen Recht Blackies auf freie Meinungsäußerung Stellung zu nehmen: „Das Gericht lehnt eine Verhandlung über die angebliche Verletzung der Meinungsfreiheit von Blackie ab. Erstens verfügt Blackie möglicherweise über eine sehr ungewöhnliche Fähigkeit, doch das macht ihn noch nicht zu einer ‚Person', und er ist daher von den Grundrechten der Verfassung nicht geschützt. Zweitens und für den Fall, dass Blackie ein solches Recht auf Meinungsäußerung tatsächlich genösse, sieht das Gericht keinen Grund, warum er dieses Recht jus tertii geltend machen soll. Blackie kann für sich selbst sprechen."

Damit endete der erste Versuch, das Recht der freien Meinungsäußerung für Katzen zu erstreiten – nicht mit einem Jammern oder Miauen, sondern mit einer spitzfindigen juristischen Ausflucht.

CAT MANDU

Eine Katze als Parteitiger

Nur wenige andere Berufe bieten so viele Gelegenheiten, in Fettnäpfchen zu treten oder sich in karrierevernichtenden Skandalen zu verstricken wie der eines Parteichefs. Das macht die makellose Laufbahn eines gewissen Cat Mandu in Großbritannien so vorbildlich. Über mehrere Jahre half er, eine hoch angesehene, wenn auch nicht besonders mächtige politische Organisation zu leiten. Wann immer es Schwierigkeiten gab, schaffte es Cat Mandu, sich aus der Affäre zu ziehen. Und wenn es zu Streitereien kam, war er klug genug, sein Maul nicht aufzumachen.

Was Letzteres betraf, hatte er tatsächlich kaum eine Wahl. Er konnte nicht sprechen, denn Cat Mandu war eine Katze. Genauer gesagt, ein rotbrauner Kater im Besitz von Alan Hope, auch bekannt als Howlin' Laud Hope.

Welche Organisation käme auf die Idee, ihren Vorsitz einem Kater anzutragen? Keine andere als die britische *Official Monster Raving Loony Party*. Wie man an dem Namen unschwer erkennt, nimmt sich die Gruppe selbst nicht all zu ernst. Sie wurde 1983 vom Musiker David Sutch (aka Screaming Lord Sutch) gegründet.

Ihre Kandidaten sind bei unzähligen Wahlen für bescheidene öffentliche Ämter – aber auch für Parlamentssitze – angetreten. Das Programm der Partei beinhaltete zu verschiedenen Zeiten eine Abschaffung der Einkommenssteuer, die Umschulung von „zu dummen" Polizisten zu Pfarrern der anglikanischen Kirche und die Einführung von Reisepässen für Haustiere. Letztere Idee wurde von den echten politischen Parteien tatsächlich aufgenommen und umgesetzt.

Geringer ist die Wahrscheinlichkeit, dass die Großparteien dem Vorbild der *Loony*-Partei folgen und ein Tier an ihre Spitze wählen werden. Nachdem Screaming Lord Sutch 1999 Selbstmord begangen hatte, versammelten sich seine Getreuen im Golden Lion Hotel in Ashburton, Devon, um einen neuen Anführer zu wählen. Nach der *Loony*-Legende endete die Wahl mit einem Patt zwischen dem amtierenden Vorsitzenden Howlin' Laud Hope und seinem Kater. Der Vorschlag einer Doppelspitze stieß auf überwältigende Zustimmung.

Der Kater nahm die Pflichten seines Amtes vorbildlich wahr. Auch das Parteiprogramm des Jahres 2001 stammte maßgeblich aus seiner Feder – es war ein leeres Blatt Papier. Leider endete Cat Mandus politische Laufbahn schon bald danach, denn im Juli 2002 wurde er beim Überqueren einer Straße von einem Auto überfahren. Das Erbe von Cat Mandu prägt die Partei jedoch bis heute. Schon 1978 hat sie den Leoparden zu ihrem offiziellen Parteitiger gemacht, und daran hat sich seither nichts geändert.

SOCKS

Das inoffizielle Maskottchen der Regierung Clinton

Unzählige amerikanische Präsidenten haben Hunde mit ins Weiße Haus genommen. Nur wenige von ihnen geruhten, eine Katze zu halten. Bill Clinton war einer dieser wenigen, als er 1993 mit seinem Familienkater Socks in das Weiße Haus einzog. Für den schwarz-weißen Mischling war dies der Höhepunkt einer Karriere, die ihn aus der Gosse ins höchste Amt des Staates katapultierte. Nach seiner Geburt im Jahr 1991 verbrachte er seine Kätzchenheit unter der Veranda von Chelsea Clintons Musiklehrerin. Die Lehrerin schaffte es nie, auch nur in die Nähe von Socks oder seiner Schwester Midnight zu kommen. Doch als Chelsea die beiden sah und auf sie zuging, sprang Socks in ihre Arme.

Es war die Geburtsstunde eines Medienphänomens. Zwar fand auch Midnight ein anständiges Heim, aber nur Socks wurde in aller Welt berühmt. Zuerst lebte er in der Residenz des Gouverneurs von Arkansas. Nachdem Clinton zum Präsidenten gewählt war, zog der Kater ins Weiße Haus um. Anstatt unter eine schäbigen Veranda zu verkümmern, aalte er sich im Garten des Oval Office oder döste in seinem Lieblingssessel im Westflügel des Weißen Hauses. Er trat häufig in der Öffentlichkeit auf und reiste in einem speziellen Katzenkorb, der mit dem Präsidentensiegel versehen war.

Sicher: Das Leben im Brennpunkt der Öffentlichkeit hat seine Schattenseiten. Die Fotografen belagerten Socks und köderten ihn manchmal mit Katzenminze. Bald schien es zu gefährlich, Socks auf dem Gelände des Weißen Hauses frei herumlaufen zu lassen, und er wurde an eine, wenn auch sehr lange, Leine genommen. Diese Unannehmlichkeit war jedoch nichts im Vergleich zu Socks' anhaltenden Auseinandersetzungen mit dem präsidialen Hund, einem reinrassigen Labrador namens Buddy. Laut Hillary Clinton hasste Socks den überschwänglichen Buddy „vom ersten Moment an und für immer". Zumindest begruben die beiden das Kriegsbeil lange genug, um für ein gemeinsames Foto zu posieren. Es zierte den Umschlag eines Buchs mit dem Titel *Lieber Socks, lieber Buddy. Kinder schreiben den obersten Haustieren der Nation.*

Nach dem Ende der Regierung Clinton bekam Socks nicht

nur ein neues Heim, sondern auch eine neue Familie. Aufgrund seiner sattsam bekannten Abneigung gegen Buddy gab man ihn in die Obhut einer gewissen Betty Curie, der einstigen Sekretärin von Bill Clinton. Curie und Socks verstanden sich von Anfang an bestens. Nach Ansicht der Clintons hatten sie es verdient, gemeinsam in die Rente zu gehen. Heute leben die beiden in einem Haus in Maryland, weit weg von allen Labradoren und Fotografen.

COLBY

Ein Kater als Bummelstudent

Die meisten Menschen glauben, es gebe nichts Besseres als eine gute Ausbildung. Dass das nicht immer stimmt, hat ein sechsjähriger Kater aller Welt bewiesen. Im Jahr 2004 stieß Jerry Pappert, der Generalstaatsanwalt des Staates Pennsylvania, auf eine zwielichtige Zeugnisdruckerei in Texas, die in ihren Spam-Mails für günstige Studienabschlüsse warb. Um diesen Leuten das Handwerk zu legen, stellte Pappert ihnen eine Falle.

Getarnte Beamte stellten über das Internet eine Verbindung

zu einer „Einrichtung der höheren Bildung" namens *Trinity Southern University* im texanischen Plano her. Tatsächlich existierte diese Universität nicht – genauso wenig wie der wissbegierige Student Colby Nolan, den die Beamten als Köder erfanden. Ihren Mails konnte man entnehmen, dass sich der junge Colby für einen Bachelor-Abschluss in Betriebswirtschaft um äußert günstige 299 Dollar interessierte.

Als die „Universität" Colby einen Aufnahmeantrag schickte, wurde dieser mit Angaben ausgefüllt, die Colby noch nicht einmal für einen einfachen Schulabschluss, geschweige denn für die Aufnahme an einer Universität qualifizierten. In Colbys poliertem Lebenslauf stand, dass er drei Volkshochschulkurse belegt, in einem Fastfoodrestaurant gearbeitet und Zeitungen ausgetragen hatte. Zur Überraschung des Kandidaten stellte die Universitätsverwaltung fest, dass seine Arbeitserfahrung nicht nur einem Bachelor, sondern durchaus einem Master im Fach Betriebswirtschaft entsprach. Diesen konnte Colby für nur 399 Dollar zzgl. Versandkosten erwerben.

Was die Aufnahmekommission der *Trinity Southern University* nicht wissen konnte: Colby war sogar noch weniger qualifiziert, als aus seinem Lebenslauf hervorging, denn Colby war tatsächlich ein sechsjähriger Kater und gehörte einem von Papperts Mitarbeiten. Kurze Zeit nach der Einlösung des Schecks für das Zeugnis kam dennoch ein sehr echt aussehendes Blatt Pergament mit einem Siegel und der Unterschriften eines Dekans. Für weitere 99 Dollar erhielt Colby auch einen beglaubigten Auszug aus der Studienbescheinigung. Daraus ging hervor, dass ein des Lesens völlig unkundiger Kater, der noch nie eine Universität von innen gesehen hatte, einen Notendurchschnitt von umgerechnet 1,5 erworben hatte.

Mehr brauchten die Polizisten nun wirklich nicht. Sie offenbarten die wahre Identität des Studenten Colby, der kurz darauf für Fotojournalisten mit einem winzigen Doktorhut posierte. Es wurde Anklage gegen die Universität aus dem Reich der Fantasie und gegen ihr leitendes Personal erhoben. Auch die Internetseite der Universität verschwand sofort aus dem Netz. Und das alles verdankt die Welt ausgerechnet dem profiliertesten Absolventen.

LEWIS

Eine Katze erwirkt eine einstweilige Verfügung

Manche Katzen werden berühmt, einige wenige sogar berüchtigt. Letzteres gilt für einen schwarzweißen Langhaarkater namens Lewis aus dem US-Staat Connecticut. Diesen kleinen Übeltäter manövrierte sein hitziges Temperament in einen unlösbaren Konflikt mit dem Gesetz. Am Ende erhielt Lewis im Grunde eine lebenslange Haftstrafe. Der einst frei lebende Kater wurde von den Richtern im Städtchen Fairfield zu Hausarrest bis ans Ende seiner Tage verdonnert. Ein einziger Verstoß wäre sein Todesurteil. Alles begann mit der vermutlich ersten richterlichen Verfügung gegen eine Katze auf der Welt – eine Entscheidung, die zu den bekanntesten und umstrittensten in der amerikanischen Rechtsgeschichte gehört.

Lewis übertrat die Grenzen des Erlaubten, indem er grundlos die Bewohner einer stillen Sackgasse namens Sunset Circle attackierte. Lewis kam aus dem Nichts und stürzte sich von hinten auf seine Opfer. „Er sieht aus wie Felix the Cat und hat an jeder Pfote sechs Zehen mit langen Krallen", erzählte ein Opfer der Zeitung *Connecticut Post*. „Und das sind gefährliche

Waffen!" Lewis hatte kaum Hemmung, diese Waffen gegen jeden einzusetzen, der ihm über den Weg lief. Zu diesen Unglücklichen gehörte auch eine ältere Dame aus Avon. Sie wurde nach Zeitungsberichten brutal von Lewis überfallen, als sie aus ihrem Auto stieg.

Eine andere Nachbarin wurde nach eigener Aussage zweimal von Lewis angegriffen, bevor sie sich entschloss, die Tierbeauftragte der Polizei von Fairfield einzuschalten. Richterin Rachel Solveira sah keine andere Möglichkeit, als eine einstweilige Verfügung gegen die schuldige Bestie zu verhängen – Lewis war mittlerweile stadtbekannt unter dem Namen „Terrorist von Sunset Circle". Der Kater durfte nach dieser Verfügung das Haus seiner Besitzerin Ruth Cisero nur noch unter der Bedingung verlassen, dass er zweimal täglich Barbiturate einnahm. Aber es dauerte nur ein paar Monate, dann steckte Lewis wieder bis zum Hals im Schlamassel. Seine Herrin Ruth Cisero hatte nicht nur eigenmächtig die Medikation abgesetzt, sondern Lewis auch noch aus dem Haus entkommen lassen. Und Lewis hatte natürlich nichts Dringenderes zu tun, als einer gewissen Maureen Bachtig aufzulauern, um auch sie verheerend zuzurichten.

Im Nu saß Ruth Cisero gemeinsam mit ihrem Kater auf der Anklagebank. Sie kam sogar ins Gefängnis, weil sie ihre

Aufsichtspflicht vernachlässigt und ihre Nachbarn fahrlässig gefährdet hatte. Auf Bewährung freigelassen, hatte sie zugleich noch eine Privatklage über 5000 Dollar Schmerzensgeld am Hals.

Als das Ganze eigentlich nicht mehr skurriler werden konnte, legte die Lokalzeitung von Fairfield noch einmal kräftig nach. Sie brachte die Posse so groß heraus, dass sie von den internationalen Medien entdeckt und in den Rang einer Sensation erhoben wurde. Aus aller Welt kamen Journalisten mit einem Riecher für Klatschgeschichten und stürzten sich auf spritzige Details, besonders auf das wüste Treiben des unersättlichen Lewis mit der älteren Dame in ihrem Auto. Von einem Tag auf den anderen konnten sich Ruth Cisero, ihre Nachbarn und so gut wie jeder Fairfielder mit auch nur irgendeiner Verbindung zu Lewis vor Anrufen kaum noch retten. Von *CNN* bis zur *BBC* wollten alle diese Story. Lewis erhielt eine eigene Seite auf *Myspace.com*, und bald darauf überschwemmten T-Shirts mit der Aufschrift „Rettet Lewis" den lokalen Markt.

Ruth Cisero sprach pflichtbewusst mit Legionen von Journalisten, wahrscheinlich in der Hoffnung, dass der ganze Wirbel um sie und ihren Kater ihr irgendwie helfen könnte. Lewis hing unterdessen mit Ciseros zweitem Kater Thomas im Haus ab.

Ab und zu warf er sich für schreckhafte Reporter in grimmige Posen. Wenn er keine Pressetermine hatte, starrte er abwesend durchs Fenster auf die Vögel und Eichhörnchen, die er einst gejagt hatte. Immerhin blieben ihm die Einzelheiten der Justizschlacht um sein Schicksal erspart. Im April 2006 beantragte Ruth Cisero in einem Gerichtssaal voller Journalisten die Aufhebung ihrer Bewährungsstrafe. Die Richterin stellte zunächst Lewis' Euthanasie als Bedingung. Am Ende durfte Lewis doch weiterleben, und Cisero wurde eine vorgezogene Bewährungsfrist in Aussicht gestellt. Aber die Richterin der zweiten Verhandlung stellte eine harte Bedingung: Lewis dürfe nie, nie wieder das Haus verlassen. „Es gibt keine Ausnahme", warnte sie eindringlich. „Keine einzige."

Aus den Medien erfuhr man zuletzt, dass Lewis sich mühsam an seinen Hausarrest gewöhnt hat. Und dass die Nachbarn endlich aufatmen konnten.

WEITERE HERAUSRAGENDE KATZENPERSÖNLICHKEITEN DER GESCHICHTE

SLIPPERS

hieß das überhebliche Haustier von US-Präsident Theodore Roosevelt. Bei einem Staatsbankett musste ein ganzer Aufmarsch von Diplomaten dieser Katze ausweichen, weil sie sich in einem Flur des Weißen Hauses schlafen gelegt hatte.

TOM KITTEN

hieß der kleine Kater von John F. Kennedys Tochter Caroline. Leider stellte sich heraus, dass der Präsident eine Katzenallergie hatte, und man fand ein neues Heim für Tom Kitten. Bei der Versteigerung des Nachlasses von Jacqueline Kennedy Onassis erzielte ein gerahmtes Bild von Tom Kitten den stolzen Preis von 13000 Dollar.

MYOBU NO OMOTO

war die Lieblingskatze des japanischen Kaisers Ichijo (980-1011). Ihre Verehrung ging so weit, dass der Kaiser den Besitzer eines Hundes einsperren ließ, weil dieser es gewagt hatte, Myobu no omoto zu jagen.

MICETTO

war eine große getigerte Katze und kam im Vatikan zur Welt. Sie war das Lieblingstier von Papst Leo XII. Angeblich soll sich Micetto während der Audienzen unter Leos Gewändern versteckt haben.

WHITE HEATHER

hieß eine dicke Angorakatze, die der Liebling von Königen Victoria war. White Heather überdauerte selbst die für ihr langes Leben so berühmte Königin und ging anschließend in den Besitz von Victorias Sohn und Thronerben König Edward VIII. über.

KUNST
UND
LITERATUR

Rembrandt

DIE HÜTER DES ERBES

Katzen bewachen Russlands größtes Museum

Katzen waren schon immer große Freunde von Bibliotheken und Museen. Da Mäuse und Ratten ein bedeutendes altes Manuskript oder ein unschätzbar wertvolles Gemälde ebenso gut und gern zerfressen wie eine Ähre Korn, beschäftigen viele Kultureinrichtungen Mörder der Gattung *Felis sylvestris lybica*. Auf diese Weise gelingt es meist, die Schäden durch Ungeziefer im Rahmen zu halten. Nur selten sind die streitbaren Retter so zahlreich und blicken auf eine so lange Tradition zurück wie das Katzenkorps der *Eremitage* in St. Petersburg.

Seit 250 Jahren bewacht eine Truppe von rund 50 Katzen den wuchernden Museumskomplex. Die Katzen waren schon hier, als die *Eremitage* noch kein Museum, sondern der Palast der Zaren war. 1745 beschloss Zarin Elisabeth, die Tochter von Peter dem Großen, dass sie ein für allemal genug von den Nagetieren im Palast hatte. Über eine öffentliche Bekanntmachung ließ sie „bessere und möglichst große Katzen herbeischaffen, die auch Mäuse fangen" – und zwar in Begleitung von Menschen, die sich um sie kümmern konnten.

Die erste Abordnung traf schon kurze Zeit später ein. Die Katzen haben seither wohl immer gut gearbeitet, denn sie wurden von allen späteren Zaren weiterbeschäftigt. Sie überstanden sogar die kommunistische Oktoberrevolution, und erst im 2. Weltkrieg erlitt das Korps empfindliche Verluste. St. Petersburg, das damalige Leningrad, wurde von deutschen Truppen belagert. Die Vorräte gingen zur Neige, und viele der Katzen endeten als Hauptmahlzeiten.

Nach dem Ende des Krieges wurden die Verluste rasch ausgeglichen. Von den Katzen der Zarenzeit hieß es noch, sie seien Persianer, doch die heute in der *Eremitage* versammelten Mäusejäger sind eine etwas wahllose Versammlung von Streunern, die im Keller des Museums eigens an das Haus gewöhnt werden. Die Angestellten der *Eremitage* spenden selbst für die Katzen und verkaufen einmal im Jahr zu karitativen Zwecken Bilder, die ihre Kinder gemalt haben. Das reicht für die ärztliche Versorgung und Unterbringung der Katzen, ebenso wie für gelegentliche Aufbesserungen der Mäusediät.

Die Katzen gehen regelmäßig rund um das Gebäude auf Streife, dürfen die Ausstellungsräume heute aber nicht mehr betreten. Sehr selten gelingt es ihnen, den Weg ins Innere des Hauses zu finden. Da sie dabei gewöhnlich die ausgefeilte elektronische Alarmanlage auslösen, werden sie aber schnell wieder hinaus komplimentiert.

SELIMA

Eine Katze stirbt aus Liebe zur Kunst

Viele Katzen erfahren Ehrungen nach ihrem Tod, aber nur wenige sahen ihr Andenken mit so viel Kunstsinn in verschiedenen Medien bewahrt wie Selima, die Katze des britischen Schriftstellers und Politikers Horace Walpole, Graf von Orford. Vielleicht verursachte Selimas Tod auch deshalb so viel hingebungsvolle Trauer, weil sie so graziös dahinschied: Beim Versuch, an ein paar Goldfische in einer Porzellanvase zu gelangen, fiel sie in das Gefäß und ertrank.

Walpole war untröstlich. Er ließ eine Inschrift in die todbringende Vase gravieren (sie ist noch heute in seinem Schloss Strawberry Fields ausgestellt). Außerdem bat er seinen Dichterfreund Thomas Gray, einen Nachruf zu verfassen. Gray übertraf sich selbst mit einer *Ode an den Tod einer ertrunkenen Lieblingskatze*. Das Gedicht warnt die Leser davor, blind hinter Dingen herzulaufen, die diese Mühe gar nicht wert sind. Vor allem seine letzte Zeile hat es unsterblich gemacht:

Nicht alles, was deinen unruhigen Augen

Und deinem haltlosen Herzen gefällt,

Ist eine rechtmäßige Trophäe,

Und nicht alles, was glänzt, ist Gold.

Als wäre Thomas Grays Ode nicht schon Denkmal genug für Selima, malte der Künstler Stephen Elmer 1776 auch noch das Bild *Horace Walpoles Lieblingskatze*. Es zeigt Selima beim Balancieren auf dem Rand der Vase und ein Buch, in dem die Ode von Gray aufgeschlagen ist.

BEERBOHM

Eine Katze stiehlt Albions größten Mimen die Schau

Über Jahrhunderte konnte kein Theater, das etwas auf sich hielt, ohne eine Katze auskommen – zumindest, wenn es das Ungeziefer im Zaum halten wollte. Aber die Theaterkatzen jagten nicht nur Mäuse, sondern erfüllten auch noch andere Zwecke. Schauspieler betrachteten sie als Glücksbringer und Maskottchen. Die Ruhe, die sie ausstrahlten, linderte manchen

Anfall von Lampenfieber. So nützlich waren die Katzen, dass selbst die größten Rampensäue es ihnen verziehen, wenn sie gelegentlich während der Aufführung auf die Bühne kamen und menschlichen Darstellern die Schau stahlen.

Keine Theaterkatze der neueren Zeit erfüllte ihre Aufgabe so gut und so lange und erwarb dabei so viel Ansehen wie Beerbohm. Der getigerte Kater mit der königlichen Anmutung war von den Siebzigerjahren des 20. Jahrhunderts bis in die frühen Neunziger mit der Ungezieferbeseitigung am *Gieldgud Theatre* (dem ehemaligen *Globe Theatre*) im Londoner West End betraut. Er suchte sich oft einzelne Schauspieler aus und schmeichelte ihnen unverhohlen. Außerdem erschien er mindestens einmal pro Vorstellung auf der Bühne. Benannt war er nach dem englischen Bühnenveteran Herbert Beerbohm Tree. Nach 20 Jahren auf und hinter der Bühne verbrachte er im Haus eines *Gielgud*-Bühnenbauers in der Grafschaft Kent seinen Ruhestand. Beerbohm starb im März 1995 und wurde in der hauseigenen Zeitschrift *The Stage* gebührend mit einem Nachruf auf der Titelseite gewürdigt. Sein Bildnis hängt noch heute im Foyer des Theaters.

HODGE

Eine Katze hilft beim Schreiben eines Wörterbuchs

Viele berühmte Dichter und Romanautoren haben unter den mal wachsamen, mal trägen und beruhigenden Blicken einer Katze geschrieben. Nur wenige vierbeinige Musen mussten dabei solche Ausdauer beweisen wie ein schwarzer Katers namens Hodge, der Begleiter von Dr. Samuel Johnson (1709-1784). Denn Johnson verfasste im Alleingang das erste umfassende moderne Wörterbuch der englischen Sprache.

Ganze elf Jahre verbrachte der Dichter mit dieser Arbeit. Wie am Fließband verfasste er in seinem Haus am Londoner Gough Square eine Definition nach der anderen. Während der geniale Visionär an seinem Schreibtisch schuftete, saß Hodge oft an seinem Ellbogen, erheiterte ihn mit Possen und verkürzte ihm so die unvorstellbar mühselige Aufgabe. 1775 war das Werk schließlich vollendet und wurde sofort überall mit Begeisterung aufgenommen. Noch über 100 Jahre später diente es als Standardwerk. In den Augen seiner Zeitgenossen war der Name Johnsons bald untrennbar mit dieser Meisterleistung verbunden.

Über Hodge (und das Leben seines Besitzers) erfuhr die Welt jedoch nicht aus dem Wörterbuch, sondern aus den Aufzeichnungen eines jungen Schotten namens James Boswell. Dieser lernte Johnson 1763 kennen, freundete sich mit ihm an und verbrachte die nächsten Jahrzehnte damit, seinem Mentor auf Schritt und Tritt zu folgen, jeden seiner Kommentare mitzukritzeln und überhaupt kein Geheimnis daraus zu machen, dass er unbedingt die Lebensgeschichte des großen Mannes schreiben wollte. 1789 erschien das Buch *The Life of Samuel Johnson*. Es gilt als die erste ausgewogene, dem Dargestellten wohlgesonnene, moderne Biografie englischer Sprache. Sie machte Samuel Johnson zu einer unsterblichen literarischen Figur.

Boswell machte auch Hodge zu einer literarischen Figur, obwohl er unter einer extremen Katzenphobie litt:

„Ich werde nie die Nachsicht vergessen, mit der Dr. Johnson seinen Kater Hodge behandelte: Für ihn ging er selbst Austern einkaufen, damit die Diener, wenn sie solche Umstände hätten, nicht eine Abneigung gegen die arme Kreatur fassten. Ich selbst gehöre leider zu jenen, die schon durch die bloße Gegenwart einer Katze in große Unruhe versetzt werden. Ich erinnere mich, wie Hodge eines Tages an Dr. Johnson emporkletterte, offenbar mit großem Behagen, während mein Freund lächelnd und leise pfeifend seinen Rücken entlang streichelte und ihn am Schwanz zog; und als ich bemerkte, er sei ein schöner Kater, sagte er: ‚Nun ja, Sir, aber ich habe Kater gehabt, die ich noch lieber mochte als diesen.' Und dann, als sähe er, dass Hodge außer Fassung sei, fügte er hinzu: ‚Aber er ist ein sehr schöner Kater, wirklich ein sehr schöner Kater'."

Johnson pflegte seinen vierbeinigen Freund bis zum Schluss. So schreibt Boswell, dass der große Gelehrte in der letzten Stunde des Katers aufstand und für ihn Baldrian kaufen ging, um sein Leiden zu lindern. Nach Hodges Tod schrieb der Dichter Percival Stockdale eine Elegie auf den geliebten Kater, der,

Wann immer von seinem Herrn liebkost,
Wärmsten Dank ihm dafür pflog
Und stets vor Vergnügen schnurrte,
So ihm das düstre Fell gestreichelt ward.

Gegenüber dem Haus, in dem Dr. Johnson sein Meisterwerk schrieb, steht heute ein Denkmal. Es stellt Hodge auf einem Wörterbuch des Meisters balancierend dar. Johnson definierte Katzen in seinem Buch eher trocken als „ein Haustier, das Mäuse fängt und von Naturforschern gewöhnlich der niedrigsten

Gattung unter den löwenartigen Tieren zugeschrieben wird".
Die Statue ziert aber des Meisters eigene, anmutigere
Beschreibung von Hodge: „Wirklich ein sehr schöner Kater."

CATTARINA

Eine Katze berührt die düstere Seele des Edgar Allan Poe

In seinem kurzen Leben schrieb Edgar Allan Poe großartige
Gedichte und einige der besten Horrorgeschichten der Welt.
Außerdem erfand er den Kriminalroman. Alle diese Leistungen
machten ihn weder glücklich noch wohlhabend. Ganz im
Gegenteil: Bevor er 1849 mit 40 Jahren an den Folgen seiner
Trunksucht starb, hatte er mehr Enttäuschung, Ablehnung und
Kummer erlitten, als ein einzelner Mensch ertragen kann.

1842 wurde bei seiner Frau Virginia eine Tuberkulose festge-
stellt. Fünf Jahre lang verschlechterte sich ihre Gesundheit stetig
– die Armut des Ehepaars verschlimmerte ihr Leiden –, bis sie
schließlich 1847 starb. Poe war zwar immer wieder bei verschiedenen Zeitschriften angestellt, aber Geld hatte er nie. Seine
eigenen Dämonen – vor allem seine Unfähigkeit, das Trinken

aufzugeben – brachten zusätzliches Unheil über sein Heim. Seine Alkoholabhängigkeit ging so weit, dass er selbst fürchtete, Virginia nach einer seiner endlosen Sauftouren Gewalt anzutun.

In all diesen Jahren war die treueste Freundin des Ehepaars eine Katze namens Cattarina. Edgar Allan und Virginia hatten für Förmlichkeiten wenig übrig. Sie nannten die schildpattgemusterte Katze zumeist Kate (Poe selbst hieß „Eddie"). Die Katze saß auf den Schultern des Dichters, während er schrieb, und wenn sie sich an Virginia schmiegte, war sie für die Kranke oft die einzige Wärmequelle in dem eiskalten Haus.

Poe hat seiner Frau nie etwas angetan, und nach allem, was wir wissen, liebte er sie sehr. Aber seine Angst vor sich selbst war immer da – und vermutlich auch ein quälendes Gefühl der Schuld, weil er seiner Frau kein besseres Leben bieten konnte. Wie sehr Poe sich als Versager fühlte und selbst dafür hasste, kommt in der Geschichte *Der schwarze Kater* von 1842 zum Ausdruck. Diese abgründige Erzählung ist zum Teil von Cattarinas Hingabe gegenüber Virginia und von der Angst Poes vor den eigenen dunklen Seiten angeregt.

Die Geschichte handelt von einem Trinker, der in seiner besoffenen Wut den eigenen Kater erhängt – „ein merkwürdig großes und schönes Tier, vollkommen schwarz, und in einem erstaunlichen Grade aufgeweckt". Einige Zeit später folgt ihm eine andere Katze aus einer Kaschemme nach Hause. Sie sieht fast genau so aus wie der Kater, den er getötet hat. Doch um ihren Hals zieht sich ein schmales Band aus weißen Haaren.

Der Gattin des Mannes gefällt die zugelaufene Katze vom ersten Moment an, und die beiden werden unzertrennlich. Doch der Mann gelangt zur Überzeugung, dass das Tier gekommen ist, um Rache für sein vergangenes Verbrechen zu üben. Im Zuge einer weiteren betrunkenen Raserei versucht er, die Katze mit einer Axt umzubringen, tötet an ihrer Stelle aber seine Frau. Er mauert die Leiche schnell in eine Kellerwand ein und ist sehr erleichtert, als auch die Katze plötzlich verschwunden ist.

Später führt er voll Selbstvertrauen Polizisten, die nach der verschwundenen Frau suchen, in seinen Keller. Die Beamten wollen schon gehen, als plötzlich ein markerschütternder Schrei aus der Mauer dringt. Hinter der Wand findet sich nicht nur die halb verweste Leiche, sondern auf ihrem Kopf sitzend auch die schwarze Katze. In seiner Eile hatte der Mörder das Tier gemeinsam mit seiner toten Frau eingemauert.

Das Ende der Geschichte gehört zu den einprägsamsten Schlussszenen in der Horrorliteratur. Es verrät auch viel über das Innenleben ihres Autor. Im wirklichen Leben sorgte Poe für seine Frau, so gut er eben konnte. Auch seine dunkle Muse Cattarina sah er noch nicht einmal schief an. Doch wahrscheinlich nagte an seinem Geist die Einsicht, dass die Katze seiner Frau eine treuere und anhänglichere Freundin war, als er es jemals sein konnte. Wenn das stimmt, dann hat Poes Geschichte vom schwarzen Kater zwei Dinge geschafft: Die Ängste und Minderwertigkeitsgefühle ihres Autors auf den Punkt zu bringen, und das Andenken an die selbstlose Cattarina zu bewahren. Cattarinas literarische Verkörperung hat diese selbst, ihre Herrin und ihren Schöpfer überlebt.

PANGUR BAN

Die berühmteste Katze Irlands

Lange Zeit gab es nur eine Möglichkeit, ein neues Exemplar eines alten Buchs anzufertigen: Man musste sich mit einem Stapel frischen Pergaments hinsetzen, den Stuhl heranrücken, ein Fass Tinte öffnen und mühsam Zeile für Zeile mit der Hand abschreiben. Im Mittelalter wurde diese geisttötende Aufgabe von den katholischen Mönchen zu einer Kunstform erhoben. Überall in Europa verbrachten unzählige Geistliche ihr Leben in steinernen Zellen über Schreibtischen gebeugt. Sie kopierten alles, von den griechischen und römischen Klassikern bis hin zu den neuesten päpstlichen Aus-

lassungen. Sehr viel Wissen aus der Antike hat nur überlebt, weil die Mönche des Mittelalters dafür unermüdlich schufteten.

Die Arbeit des Schreibers war wichtig, aber nicht sehr kreativ. Deswegen haben nur sehr wenige dieser menschlichen Kopiergeräte Spuren in der Geschichte hinterlassen. Einer dieser wenigen war ein junger Mann, der wahrscheinlich irgendwann im 9. Jahrhundert im Stift Sankt Paul im Kärntner Lavanttal zum Schreiber ausgebildet wurde. Wie er hieß, wissen wir nicht. Aber dank eines kurzen Gedichts, das er in seiner Abschrift der Paulusbriefe auf die Rückseite eines Blattes kritzelte, kennen wir den Namen seiner Katze: Pangur Ban.

Dieser Kater war offensichtlich der Busenfreund des mittelalterlichen Kopisten. Der junge Ire – da das Gedicht auf Gälisch verfasst ist, muss er Ire gewesen sein – war von der Grünen Insel bis nach Österreich gereist, um die Kunst der Schreiber zu erlernen. Dort muss er endlose Tage und Nächte in weitgehender Einsamkeit verbracht haben. Seine einzige Gesellschaft bestand aus der Handschrift, an der er saß, und seinem treuen Pangur Ban („Weißer Kater" auf Gälisch). Aus unbekannten Gründen entschloss sich dieser Mann, fernab der Heimat zwischen die gewichtigen Abschriften des Klosters ein kleines Gedicht über seine Freundschaft mit dem

Kater zu schmuggeln:

Ich und mein Pangur weiß

Erstreben jeder unsern eignen Preis;

Nach Mäusefang steht ihm der Sinn,

Ich meiner eignen Kunst dagegen Meister bin.

Lieb ist mir die Ruh – lieber denn aller Ruhm –

Bei meines Büchleins geflissentlichem Studium;

Der weiße Pangur fühlt darob nicht Neid,

Mit kindlichem Spiel vertreibt er sich die Zeit.

Sind wir in unsrem Hause ganz allein,

Gebannt ist alle Langeweile so zu zweien!

Wie haben Scherz und Kurzweil wir getrieben,

Um unseren Verstand zu üben!

Zuweilen fängt durch einen klugen Streich

Er eine Maus in seinem Netze sich sogleich;

Zuweilen bleibt in meinem Netze hangen

Ein Problem, wo es gar schwer auflöslich sich verfangen.

Seine vollen, leuchtenden Augen

Sich in den Zaun der Mauer saugen;
Ich richte meine klaren, wie wohl schwachen
Augen auf der scharfen Wissenskünste Sachen.

In schnellen Sprüngen zeigt sich sein Gefallen,
blieb eine Maus in seinen scharfen Krallen;
Auch ich erfreue mich, wenn ich erfasst
Ein schwer Problem, jetzt tief geliebt, doch einst verhasst.
Wie wohl wir so zusammen allezeit,
Stört keiner doch des andern Zeitvertreib;
Ein jeder ist mit seiner eignen Kunst zufrieden,
In der ihm Lust, Zufriedenheit beschieden.

Er ist seines Werkes Meister
Und vollbringt es täglich dreister;
Während ich mich muss beschäftigen,
Klares mit Unklarem zu bekräftigen.

Was aus dem Mönch und seiner Katze später geworden ist,
wissen wir nicht. Und natürlich konnte der Mann nicht ahnen,
dass ausgerechnet ein Gedicht, das er in einer momentanen
Laune oder in einem Anfall von Erschöpfung hingeschrieben

hatte, Geschichte machen würde. Jahrhunderte später gefunden, gilt das kleine Gedicht heute als ein Höhepunkt der frühen irischen Dichtung.

PETER

Ein Kater treibt seinen Herren in den Wahnsinn

Zu den bekanntesten Illustratoren des späten 19. und frühen 20. Jahrhunderts gehörte ein Engländer namens Louis Wain. Er verdiente ein Vermögen mit originellen Zeichnungen halb menschlicher Katzen bei allerlei Tätigkeiten, vom Golfspielen bis zum Einnehmen des Fünfuhrtees. Die Idee dazu hatte sich Wain von Kollegen abgeschaut, die mit Poker spielenden Hunden Geld scheffelten – und von seinem eigenen Kater Peter.

Leider kann man an Wains Bildern auch nachvollziehen, wie er allmählich den Verstand verlor und am Ende verrückt wurde. Louis Wain kam am 5. August 1860 zur Welt und begann schon als Jugendlicher, künstlerisch zu arbeiten. In seinen frühen Zwanzigern arbeitete er als freischaffender Zeichner und genoss einen bescheidenen Ruf. Dann begann seine Frau Emily einen langen Kampf gegen den Krebs, den sie schließlich verlor. Da sie in ihrer Krankheit Trost bei ihrem schwarzweißen Kater Peter suchte, brachte Wain dem Tier Kunststücke bei. Peter konnte zum Beispiel eine Brille tragen. Als Wain damit begann, den Kater in fantasievolleren Situationen zu zeichnen, war das der Beginn seiner eigentlichen Karriere. „Peter verdanke ich die Grundlage meiner Laufbahn, die Weiterentwicklung meiner ersten tastenden Versuche und den Erfolg meiner Arbeit", schrieb Wain später.

Viele Jahre lang zeichnete der Künstler den Kater Peter in immer neuen Abwandlungen. 1886 schuf er für die Zeitung Illustrated London News ein großes Bild mit dem Titel *Weihnachtsfest der Kätzchen*. Diese Arbeit machte ihn sehr bekannt, und bald danach waren seine Karikaturen von aufrecht gehenden, angekleideten Katzen allgegenwärtig. Wains Popularität kann man an ihrem Höhepunkt kaum überschätzen. Seine Katzen zierten Grußkarten und Kinderbücher. Es gab sogar ein eigenes Jahrbuch, das ausschließlich Wains Zeichnungen gewidmet war.

Wains Werk ist auch heute noch bekannt – doch leider aus einem traurigen Grund. Gegen Ende seines Lebens wurde der Künstler schizophren. Bevor er 1939 starb, verbrachte er fast zwei Jahrzehnte in einer geschlossenen Anstalt. Indem er bis zum Schluss malte, schuf er weitgehend unbewusst eine bestürzende Chronik seines

Abdriftens in den Wahnsinn. Mit den ersten schizophrenen Schüben verschwanden die bekleideten Katzen. Statt dessen malte Wain zunehmend abstrakte Katzenporträts, auf denen die Tiere in fast schon psychedelisch grellen Farben dargestellt waren und überraschte, oft auch erschrockene Mienen zeigten. In seinen letzten Arbeiten bestehen die „Katzen" nur noch aus komplizierten kaleidoskopischen Mustern mit kleinen geometrischen Formen. Und doch schuf der bedauernswerte Louis Wain zwischendurch immer wieder berührende Porträts seines Katers Peter, mit dem einst alles angefangen hatte.

DER KATER DES HERRN UND MEISTERS

Ein Kater schreibt Geschichten für Charles Dickens

Der englische Schriftsteller Charles Dickens liebte Hunde und Vögel – so sehr, dass Katzen viele Jahre aus seinem Haus in London verbannt waren, damit sie sich nicht an seinen gefiederten Freunden vergreifen konnten. Doch das änderte sich, als Dickens' Tochter Mamie ein kleines weißes Kätzchen geschenkt bekam. Zunächst wurde es William getauft. Erst als William selbst trächtig wurde und einen Wurf Kätzchen gebar, wurde er auf den Namen Williamina umgetauft.

Die Katzenfamilie sollte eigentlich in einer Kiste in der Küche bleiben. Aber Williamina gefiel das gar nicht. Sie trug ihre Kätzchen in Dickens' Schreibzimmer und legte sie dort in einer Ecke ab. Dickens sagte seiner Tochter, dass die Kätzchen dort nicht bleiben konnten. Mamie musste sie zurück in die Küche befördern. Aber Williamina brachte sie erneut ins Schreibzimmer. Mamie trug sie wieder fort, worauf Williamina sie erneut einzeln ins Schreibzimmer verfrachtete. Diesmal legte sie ihre Jungen noch dazu vor die Füße des großen Mannes und sah ihn flehend an, als bitte sie ihn um die Erlaubnis zum Umzug.

Dem Ansuchen wurde schließlich stattgegeben, und die Kätzchen erfreuten sich des Vorrechts, auf Dickens' Vorhänge zu klettern und über seinen Schreibtisch zu rasen, während er zu arbeiten versuchte. Sobald sie groß genug waren, fand die Familie für alle ein neues Heim. Nur für eines nicht – einen kleinen tauben Kater.

Weil er seinen Namen nicht hören konnte, bekam er nie einen. Er hieß statt dessen „Kater des Herrn und Meisters", und genau das war er auch. Er folgte Dickens auf Schritt und

Tritt durchs Haus und saß neben ihm auf dem Schreibtisch, während er schrieb.

Allerdings erwartete der Kater im Gegenzug ein gewisses Maß an Zuwendung. Eines Abends ging die Familie zu einem Ball, und Dickens saß, versunken in ein Buch, im Arbeitszimmer beim Schein einer Kerze. Der Kater war wie gewöhnlich an seiner Seite. Plötzlich flackerte das Kerzenlicht und erlosch. Dickens war zu sehr von seiner Lektüre eingenommen, um sich zu fragen, wer oder was das Licht ausgeblasen hatte. Er zündete die Kerze wieder an und las weiter. Zuvor tätschelte er kurz den Kopf des Katers, der ihn schmachtend ansah.

Eine Minute später flackerte das Kerzenlicht wieder. Dickens sah von seinem Buch auf und bemerkte gerade noch, wie der Kater mit der Pfote die Flamme zu löschen versuchte. Der Autor legte daraufhin sein Buch weg und spielte mit dem Kater. Am nächsten Tag hatte er seiner Familie eine Geschichte zu erzählen.

HAMLET

Ein Kater regiert die literarische Tafelrunde

Über Jahrzehnte war das elegante Hotel *Algonquin* in Manhatten ein Treffpunkt der Theater- und Literaturszene. Zu den besten Zeiten dieser illustren Schar verkehrten im Algonquin Lichtgestalten wie Dorothy Parker oder Robert Benchley. Der eigentliche Star aber war Hamlet, ein struppiger, ehemals herrenloser Kater. Nach der Legende hieß Hamlet ursprünglich Rusty und war ein arbeitsloser Theaterkater. Als Frank Case, der Besitzer des *Algonquin*, ihn aufnahm, bedeutete das für Rusty einen echten Karrieresprung. Er bekam seinen neuen Namen und konnte frei über das Hotel verfügen. Er erhielt sogar eine Katzentür, damit er nach Belieben kommen und gehen konnte. Wie es heißt, soll er seine Milch besonders gerne aus Champagnergläsern geleckt haben. Als er nur drei Jahre nach dem Beginn seines Arbeitsverhältnisses starb, hatte er so viel Eindruck gemacht, dass die New York Times sein Ableben in ihrer Klatschkolumne verzeichnete.

Während Hamlet heute nur noch eine ferne Erinnerung ist, hat sich im Hotel Algonquin die Tradition der Hauskatze erhalten. Zur Zeit wird die Stelle von einer gewissen Matilda bekleidet, die aus dem Tierheim stammt. Wie ihre Vorgänger hat sie Zugang zu allen Bereichen des Hotels, ausgenommen die Küche und den Speisesaal. Sie erhält Fanpost aus aller Welt.

PULCINELLA

Die Katze, die eine Fuge komponierte

Heute ist der Name Domenico Scarlatti nicht unbedingt einer, den Kenner der klassischen Musik ständig im Munde führen. Im frühen 18. Jahrhundert war der italienische Komponist dagegen eine europäische Berühmtheit. Auch als Meister aller Tasteninstrumente erwarb er sich die Hochachtung seiner Zeitgenossen. Sein virtuoses Spiel auf dem Cembalo stand auf einer Stufe mit der Kunst eines Georg Friedrich Händel. Musiker und Komponisten von Chopin über Brahms bis hin zu Wladimir Horowitz hielten große Stücke auf Scarlatti. Zu Lebzeiten war er auch beim breiten Publikum außerordentlich beliebt.

Scarlatti war nicht nur virtuos, sondern auch äußerst produktiv. Im Lauf seines Lebens (1685-1757) schuf er mehrere Opern und rund 500 Sonaten, während er gleichzeitig die höchsten Ämter der Musikwelt Italiens, Englands, Portugals und Spaniens bekleidete. In Spanien verbrachte er 20 Jahre seines Lebens. Berühmt wurde er nicht nur für seine komplizierten und innovativen Cembalostücke, sondern auch für die ungewöhnliche Art und Weise, in der er religiöse Motive ebenso verarbeitete wie spanische, maurische und jüdische Volksweisen. Eines seiner berühmtesten Stücke entsprang allerdings keinem volkstümlichen Liedgut und auch nicht der Feder eines anderen Komponisten, sondern Scarlattis Zusammenarbeit mit seiner Katze. Katalogisiert ist diese Sonate in einem Satz unter der Bezeichnung G-Moll-Fuge Kk. 30. Die meisten Menschen kennen sie eher unter dem Namen *Katzenfuge*.

Nach der Legende besaß der Meister eine Katze namens Pulcinella, die gerne über die Tasten des Cembalos lief. Dabei erzeugte sie gewöhnlich wahllosen Lärm ohne Bedeutung. Eines Tages improvisierte sie eine zwar ungewöhnliche, aber recht eingängige Melodie. Scarlatti nahm ein Notenblatt und schrieb die kurze Phrase auf. Sie inspirierte ihn so sehr, dass er das Motiv zu einer ganzen Fuge ausarbeitete.

Das Stück wurde sofort ein Erfolg, und daran hat sich bis heute nicht viel geändert. In den Vierzigerjahren des 18. Jahrhunderts nahm Franz Liszt das Werk in sein Repertoire auf und machte es zu einem festen Bestandteil seiner Klavierkonzerte. Inzwischen hatte man auch getan, woran Scarlatti selbst offensichtlich nicht gedacht hatte, nämlich im Titel auf die besondere Entstehungs-geschichte der Sonate hinzuweisen. Und so ist das brillante, von einer Katze inspirierte Stück erst seit dem frühen 19. Jahrhundert überall als *Katzenfuge* bekannt.

CALVIN

Ein Kater als Muse zweier Schriftsteller

Den wenigsten literarischen Katzen ist es vergönnt, nicht nur einem Autor, sondern mehreren als Muse zu dienen. Eine dieser wenigen war ein wolliger Malteserkater namens Calvin. Seinen Einzug in die Welt der Literatur hielt Calvin, als er „aus dem großen Ungewissen" in das Haus der amerikanischen Schriftstellerin Harriet Beecher Stowe spazierte. „Es war, als hätte er an der Tür gefragt, ob dies auch das Haus der Autorin von *Onkel Toms Hütte* sei", erzählte ein befreundeter Dichterkollege namens Dudley Warner. „Und als ob er, nachdem man ihm dies bestätigt hatte, beschlossen hätte, nirgends anders als hier zu wohnen." Calvin lebte sich sehr schnell ein. Er scharwenzelte immer um Stowe herum, während sie schrieb, und kauerte manchmal sogar auf ihren Schultern. Er beeindruckte nicht nur durch sein Selbstbewusstsein, sondern auch durch seine Klugheit. „Er ist ein vernünftiger Kater und versteht so gut wie alles außer dem binominalen Theorem", sagte Warner.

Niemand konnte das so gut beurteilen wie Dudley Warner. Denn als Stowe in Neuengland ihre Zelte abbrach und nach

Florida zog, wurde ihm die Obhut über Calvin anvertraut. Acht Jahre lang streifte der Kater durch Warners Anwesen in Connecticut. „Stundenlang saß er zufrieden in meinem Arbeitszimmer. Dann kam er, angetrieben von einer zärtlichen Regung, und zog an meinem Ärmel, bis er mit seiner Nase mein Gesicht berühren durfte. Erst danach zog er zufrieden von dannen", schrieb Warner.

Calvin konnte eigenständig Türen öffnen und Ofenklappen regulieren, wenn ihm kalt war. Glaubt man seinem zweiten Besitzer, so war Calvin eigentlich zu allem fähig. Vom binominalen Theorem abgesehen, mangelte es ihm nur an einem: „Er konnte fast alles außer sprechen, und mehr als einmal war ich völlig davon überzeugt, seinem Gesichtsausdruck ein quälendes Verlangen danach entnehmen zu können."

Calvin wurde so sehr Teil der Familie Warner, dass ihm nach seinem Tod eine lange, liebevolle Lobeshymne in Form einer Sammlung von Aufsätzen mit dem Titel *Mein Sommer in einem Garten* zuteil wurde. 1871 veröffentlicht, entwickelte sich dieses Buch schnell zum Bestseller. Die Elegie *Calvin, eine Charakterstudie* machte ihre Hauptfigur zu einer amerikanischen Berühmtheit. „Über Calvin habe ich nur die reine Wahrheit niedergeschrieben", behauptete Warner. „Er blieb mir zeitlebens ein Rätsel. Ich wusste nicht, woher er kam. Ich weiß nicht, wohin er gegangen ist. Niemals würde ich in den Kranz, den ich auf sein Grab lege, auch nur einen einzigen Zweig der Falschheit flechten."

Der kleine Löwe, der die Welt der Literatur so liebte, wurde spätestens mit diesem Buch für immer ein Teil von ihr.

DINAH

Die zweitberühmteste Katze aus „Alice im Wunderland"

Fast alle Leser von Lewis Carrolls Büchern *Alice im Wunderland* und *Alice hinter den Spiegeln* würden auf die Frage nach dem Star unter den Katzen die Cheshire-Katze nennen. Aber in beiden Büchern gibt es noch eine zweite Katze, die ebenfalls eine wichtige Rolle spielt. Wie so viele Figuren bei Carroll gründet auch sie auf einem Vorbild aus der realen Welt.

Carroll hieß in Wirklichkeit Charles Lutwidge Dodgson. Die Geschichte von *Alice im Wunderland* fiel ihm ein, als er an einem trägen Nachmittag mit seinem Freund Robinson Duckworth eine Bootsfahrt auf der Themse unternahm. Mit dabei waren drei kleine Mädchen, die Dodgson besonders mochte: Lorina, Alice und Edity Liddell. Allen drei gefiel die Geschichte so gut, dass die wirkliche Alice ihren Erfinder bat, sie aufzuschreiben. Genau das tat er. Den ersten Entwurf zeigte Dodgson ein paar Freunden, und die ermutigten ihn, einen Verleger zu finden. Das erste der beiden Bücher, *Alice im Wunderland*, erschien am 4. Juli 1865. Es war sofort eine Sensation und wird bis heute in riesigen Auflagen gedruckt.

Für eine fantastische Geschichte enthält Alice im Wunderland ziemlich viele kaum verfremdete Personen aus der Wirklichkeit. Die Heldin ist natürlich Alice Liddell. Robinson Duckworth wurde zur Ente, und Carroll selbst spielt im Buch die Rolle des Dodo (möglicherweise, weil er stotterte und deshalb seinen Familiennamen häufig als Do-Do-Dodgson angab). Was die Haustiere betrifft, so spricht Alice immer wieder über Dinah, die getigerte Katze von Alice Liddell im wirklichen Leben. Interessant an Dinah ist, dass sie im Mittelpunkt eines eher düsteren, fast schon sadistischen Erzählstrangs in dem Buch steht.

Wann immer die arme Dinah erwähnt wird, steht sie im Zusammenhang mit gedankenloser Grobheit und Grausamkeit. Am Anfang des Buches erwähnt Alice beispielsweise, dass ihre Katze „eine solch famose Mäusefängerin" ist, wobei sie vergisst, dass sie sich gerade mit einer sprechenden Maus unterhält. In *Alice hinter den Spiegeln* wiederholt sie diesen Fauxpas noch einmal in Gegenwart einiger Vögel. „Dinah ist unsere Katze", sagt sie, „und eine solch famose Mäusefängerin, dass es eure kühnste Vorstellung übersteigt. Und ihr solltet sie sehen, wenn sie erst hinter Vögeln her ist! Ein Vögelchen frisst sie fast noch eher, als sie es zu Gesicht bekommen hat." – Kein Wunder, dass sich Alice im Wunderland eine ganze Menge Schwierigkeiten einhandelte.

FOSS

Eine Katze, fast zu gut, um wahr zu sein.

Die Katzen großer Künstler und Schriftsteller finden sich oft in den Werken ihrer Besitzer verewigt. Im Fall des englischen Künstlers und Schrifstellers Edward Lear scheint das Gegenteil passiert zu sein: Eine seiner poetischen Launen fand ihren Weg in die Wirklichkeit.

Der bärtige und bebrillte Exzentriker Lear erwarb sich einen Ruhm als Maler von Tieren und Landschaften. Aber er veröffentlichte auch mehrere Bücher mit Nonsens-Gedichten von Kindern, die ihn über die Grenzen seines Landes hinaus berühmt machten. Viele dieser Geschichten, darunter eine mit dem Namen *Die Eule und das Kätzchen* werden Kleinkindern noch heute vorgelesen.

Lear illustrierte seine Gedichte mit fröhlichen Karikaturen. Eine seiner liebsten Figuren war ein gestreifter Kater namens Foss, den er im Jahr 1872 erwarb. Lears liebevolle Hingabe gegenüber diesem Tier erstaunt noch heute – vor allem eingedenk der Tatsache, dass Foss nach allem, was wir über ihn wissen, ein ziemlich unattraktives Objekt der Zuneigung war. Er war dick und hatte einen Stummelschwanz. Ein Diener Lears soll den Schwanz in der Meinung abgeschnitten haben, dies könne den Kater vom Stromern abhalten. Aber Edward Lear zeichnete unermüdlich neue Bilder von sich selbst und seinem rundlichen Freund auf diversen Abenteuern. Fotos gibt es von dem rotbraunen Kater jedoch keine. Als Lear einmal eine Aufnahme von sich und dem Kater machen wollte, sprang Foss aus seinen Armen, kurz bevor die Blende klickte.

Lear liebte Foss so sehr, dass er, als er ein neues Haus baute, dieses genau so aussehen ließ wie das alte. Er wollte nicht, dass sein Kater zu sehr an der Umstellung litt. Als Foss 1887 verschied, wurde er im Garten seines Herren unter einem großen Grabstein beigesetzt. Lear selbst starb nur zwei Monate später.

Bilder von Foss kann man heute noch in Sammlungen der Nonsens-Gedichte von Lear sehen. Doch etwas daran ist merkwürdig. Der wirkliche Foss trat erst 1872 in das Leben des Künstlers. Doch Lear zeichnete schon Jahre zuvor regelmäßig genau einen solchen Kater wie Foss: Fett, gestreift, mit Stummel-schwanz. Aus irgendeinem Grund war Lear auch ganz sicher, dass Foss das eigentlich unmögliche Alter von 31 Jahren erreicht hatte. Das ließ er jedenfalls in den Grabstein seines Freundes meißeln. Vielleicht sah er den wirklichen Foss als die Verkör-perung jener imaginären Katze, die er schon viel früher vor seinem geistigen Auge gehabt hatte. „Edward Lear vergötterte Foss, und die Zuneigung beruhte auf Gegenseitigkeit", schrieb der Lear-Biograf Peter Levi. „Aber der Foss, den wir kennen, gehört eher in die Welt der Nonsens-Geschichten als in die reale Welt." Vielleicht war das auch zu Foss' Lebzeiten nicht anders.

COBBY

Ein Kater stiehlt das Herz seines Herren
– im wahrsten Sinne des Wortes

Kurz nach dem Tod des englischen Dichters und Romanautors Thomas Hardy am 11. Januar 1928 verschwand angeblich sein Kater Cobby. Er wurde nie wieder gesehen. Dieser merkwürdige Vorfall ließ eine der makabersten Anekdoten der Literatur entstehen.

Es begann schon kurz nach dem Ableben des großen alten Mannes, als ein Streit darüber ausbrach, wo seine Leiche begraben werden sollte. In Hardys Testament stand ausdrücklich, dass er so bescheiden wie möglich in seiner Heimatstadt Stinsford beigesetzt werden wollte. Aber der Vollstrecker des Testaments fand, dass der Autor von Klassikern wie *Tess von den D'Urbervilles*, *Der Bürgermeister von Casterbridge* und *Clyms Heimkehr* eine fürstlichere Ruhestätte verdient hatte. Er wollte Hardy im berühmten Poet's Corner oder „Dichterwinkel" der Londoner Kathedrale Westminster Abbey beigesetzt sehen – direkt neben Größen wie Charles Dickens, Geoffrey Chaucer und Dr. Samuel Johnson.

Nach hitzigen Auseinandersetzungen mit der Familie fand man einen Kompromiss: Hardys Körper sollte an die Westminster Abbey, sein Herz aber nach Stinford gehen. Das erforderte einen postmortalen chirurgischen Eingriff – den durchzuführen Hardys Arzt sich angeblich weigerte. Man fand einen anderen Arzt, und das Organ wurde entfernt, während der große Autor in seinem Haus aufgebahrt lag. Dann wickelte man das Herz in ein Geschirrtuch ein und hielt es in einer Keksdose für den Abtransport bereit.

In einer Version der Geschichte entdeckte der mit der Überführung des Herzens beauftragte Bestatter am nächsten Tag, dass die Keksdose leer und der Kater Cobby nirgends zu finden war. Natürlich ging er davon aus, dass sich der Kater mit dem Herzen seines ehemaligen Besitzers aus dem Staub gemacht hatte. Aber es gibt eine noch gruseligere Darstellung der Ereignisse. So sollen an dem schicksalhaften Tag Polizisten eine Dose vorgefunden haben, die bis auf ein paar Fetzen Fleisch leer war – und den Kater Cobby in der Nähe, der sich das geronnene Blut von der Schnauze leckte.

In ebendieser Variante ließ sich der Bestatter prompt eine Lösung einfallen: Er hatte das Herz zu begraben. Das Herz war im Kater. Also erwürgte er den armen Cobby und begrub ihn heimlich in Stinsford. Wie viel von dieser Geschichte ist wahr?

Nur eine Obduktion des Grabes hätte diese Frage beantworten können. Sicher ist jedenfalls, dass der arme Cobby für immer verschwunden war.

POLAR BEAR

Ein Kater bekehrt einen Hundefreund

Der 1998 verstorbene Tierschützer Cleveland Armory war lange Zeit eine bekannte Persönlichkeit im literarischen Leben der amerikanischen Ostküste. Er war der jüngste Chefredakteur der Zeitung *Saturday Evening Post*, Fernsehkritiker und Autor von Bestsellern wie *The Proper Bostonians* und *Who Killed Society?*. In aller Munde war er aber erst, seit ein Kater aus New York ein wenig nachhalf.

Es geschah am Weihnachtsabend des Jahres 1977. Der erklärte Hundefreund Armory entdeckte in einer Seitenstraße nahe seiner Wohnung einen herrenlosen Kater und versuchte, ihn aus seinem Versteck zu retten. Der Kater bedankte sich, indem er Armory beide Hände zerkratzte. Dennoch wurde er von dem Literaten adoptiert. Als Armory das außerordentlich schmutzige Tier badete, stellte er fest, dass es schneeweiß war. Er nannte den Kater Polar Bear oder Eisbär.

Die beiden wurden dicke Freunde, und der Kater übernahm die Rolle von Armorys Partner in dessen langem Kreuzzug für die Rechte der Tiere. Über die Jahre hatte Armory unter anderem die Tierschutzgesellschaft *Humane Society of the United States* gegründet und einen Fonds ins Leben gerufen, der sich den Schutz gefährdeter Wildtiere zur Aufgabe macht. Am meisten hat der Sache wohl genutzt, dass Armory ein Buch über Polar Bear mit dem Titel *Die Katze, die zur Weihnacht kam* veröffentlichte. Dieses Buch schaffte es an die Spitze der *New York Times*-Bestsellerliste, genau wie die beiden Fortsetzungen *The Cat and the Curmudgeon* und *The Best Cat Ever*.

Diese Werke machten aus Polar Bear eine Berühmtheit unter Katzenliebhabern und Tierschützern. Der Kater erhielt sogar eine offizielle Einladung von *Greenpeace*, auf der Sea Shepherd als Schiffskater zu dienen (Armory lehnte stellvertretend für Polar Bear dankend ab). Vor allem aber warb Polar Bear für die Anliegen seines Herren – etwa für das Vorhaben, die Wildesel im Grand Canyon per Luftbrücke vor den staatlichen Jägern zu retten, oder für das Besprühen von Robbenfellen mit unschädlicher Farbe, um sie für die Pelzjäger wertlos zu machen.

Die Wege von Armory und Polar Bear trennten sich vorübergehend, als der Kater 1991 das Zeitliche segnete. Er wurde auf der Black Beauty Range in Texas begraben, wo Armorys Wildtier-Fonds ein Refugium für misshandelte und ausgesetzte Haustiere betreibt. Auf seinem Grabstein kann man lesen: „Hier ruhen die sterblichen Überreste des Katers, der zu Weihnachten kam, unseres geliebten Polar Bear. Auf ein Wiedersehen im Jenseits." Sieben Jahre danach starb Armory. Sein Grab befindet sich direkt neben dem von Polar Bear.

MYSOUFF II.

Der Kater, der eine ganze Volière leerfraß

Der französische Schriftsteller Alexandre Dumas war Autor der Klassiker *Die drei Musketiere*, *Der Mann mit der eisernen Maske* und *Der Graf von Monte Christo*. Zu Lebzeiten war er außerdem berühmt für seinen extravaganten Lebensstil, seine bizarren Abenteuer und unzähligen Kapriolen. Als der Kater Mysouff II. sein Missfallen erregte, erhielt er eine Strafe, die ganz im Einklang mit der Fantasie seines Herren stand. Zum Glück erwies sich die Strafe als undurchführbar.

Mysouff II. war Dumas' zweite Katze aus derselben Dynastie. Der erste Mysouff hatte ihn zu Beginn seiner Schriftstellerlaufbahn begleitet. Mysouff I. ging jeden Morgen mit seinem Herren ein Stück des Weges zur Arbeit, und jeden Abend holte er ihn an derselben Hausecke wieder ab. Der Kater versäumte nie, Dumas entgegen zu gehen, auch wenn sein Besitzer vor oder nach der üblichen Zeit von der Arbeit kam.

Nach dem Tod des treuen Originals kam Mysouff II., ein schwarzweißer kurzhaariger Kater, den ein Koch im Keller des Hauses gefunden hatte. Inzwischen war der Autor reich und berühmt und konnte sich einen luxuriösen Lebenswandel erlauben. Auch Mysouff II. wurde entsprechend verwöhnt – bis er den Bogen überspannte. Zu den vielen, vielen Liebhabereien von Dumas gehörte eine Sammlung von Affen und eine weitere Sammlung exotischer Vögel, die in Haus und Garten lebten. Eines Tages fand der Kater einen Weg in die Voliere und verspeiste die gesamte Schar.

Dumas war entsetzt und einigermaßen amüsiert zugleich. Er beschloss, den Übeltäter vor ein Gericht zu stellen. Am folgenden Sonntag legte er den Fall einigen handverlesenen Geschworenen aus dem Freundeskreis vor. Im Zuge der Verhandlung brachte einer von ihnen einen mildernden Umstand vor: Ein Affe hatte die Tür zur Volière geöffnet, und der Kater hatte bloß den glücklichen Umstand für sich genutzt.

Da die Affen offensichtlich als Komplizen in den Fall verwickelt waren, beschloss Dumas, dass der arme Mysouff II. fünf Jahre mit ihnen im Affenkäfig verbringen sollte. Aber das Schicksal ersparte dem Kater diese Pein. Kurz nachdem er seine Gefängnisstrafe antrat, erlitt der Autor empfindliche finanzielle Einbußen. Drastische Haushaltskürzungen wurden erforderlich, und im Zuge dessen kamen die teuren Affen mitsamt ihrem Käfig unter den Hammer. Mysouff II. hingegen durfte nicht nur bleiben, sondern wurde auch noch vorzeitig begnadigt.

JEOFFREY

Die gottesfürchtigste Katze der Welt

Armer Christopher Smart! Der 1722 geborene englische Dichter schrieb schon als Student in Cambridge preisgekrönte Verse. Leider trank er auch viel zu viel, machte Schulden und floh vor seinen Gläubigern. Nach dem Studium arbeitete er als Redakteur und Autor für verschiedene Londoner Publikationen, wobei er bisweilen exzentrische Pseudonyme wie Mary Midnight annahm. Um 1751 erfuhr er eine religiöse Bekehrung, die mehr oder weniger mit seinem Abgleiten in den Wahnsinn zusammenfiel. Smart gewöhnte sich an, Passanten im Londoner Hyde Park anzusprechen und von ihnen zu verlangen, dass sie auf der Stelle mit ihm niederknien und beten sollten. Sein merkwürdiges Benehmen brachte ihn von 1756 bis 1758 in eine Irrenanstalt.

Aber vielleicht war Smart gar nicht so verrückt, wie es schien. In seiner Anstaltszeit schrieb er nämlich einige seiner besten Gedichte, darunter eine Sammlung mit dem Namen *A Song of David*. Außerdem verfasste er *Jubilante Agno*, ein ziemlich merkwürdiges Kompendium ungereimter Verse, in dem die Gotteshäuser in aller Welt katalogisiert und gepriesen werden. In seinem Buch bedankt sich der Dichter – oft bis in die scheußlichsten Einzelheiten – für jeden Segen, den er je von Gott empfangen zu haben glaubte. Und so ist es eigentlich keine Überraschung, dass Smarts umfangreiches Werk auch einen liebevollen Tribut an seinen Kater enthält. Dessen Eigenschaften führt er in dem Abschnitt *For I Will Consider My Cat Jeoffrey* an. Darin beschreibt er den Kater als ein Wunder der

Schöpfung: „Denn er ist eine Mischung aus Ernst und Schalkhaftigkeit. Denn er weiß, dass Gott sein Erlöser ist. Denn es gibt nichts Lieblicheres als seinen Frieden in der Ruhe. Denn es gibt nichts Forscheres als sein Leben, sobald er sich regt."

Christopher Smart verließ die Anstalt als besserer und bekannterer Dichter. Doch seine Lebensumstände und finanziellen Verhältnisse waren katastrophal. Seine Frau musste ihn mit den Kindern verlassen, um dem Absturz in die Armut zu entgehen, und Smart selbst starb 1771 völlig mittellos. Sein Werk *Jubilante Agno* wurde erst 1939 veröffentlicht. Doch seine Ode an Jeoffrey sprach Katzenfreunden in aller Welt aus dem Herzen. Offenkundig erkannten mehr als nur ein paar Leser ihre eigenen Haustiere in Smarts liebevoller Beschreibung seines Katers wieder.

WEITERE HERAUSRAGENDE KATZENPERSÖNLICHKEITEN DER GESCHICHTE

MINOU

war das Haustier der berühmten französischen Schriftstellerin und Tabubrecherin George Sand. Die beiden hatten ein so enges Verhältnis, dass sie angeblich vom selben Teller frühstückten.

TAKI

war das Haustier von Raymond Chandler, dem Erfinder des archetypischen Detektivs Philip Marlowe. Chandler las die ersten Entwürfe zu seinen rätselhaften Geschichten seiner Taki vor. Er nannte sie auch seine „Katzensekretärin".

PUDLENKA

war die Katze des tschechischen Dramatikers Karel Capek. Sie erschien an seiner Tür, kurz nachdem seine vorherige Katze an einer Vergiftung starb, und Capek betrachtete sie als ein Geschenk, dass ihm den Verlust leichter machen sollte. Die Katze gebar in ihrem Leben 26 Kätzchen. Ihre Nachfolgerin Pudlenka 2 gebar weitere 21.

BOSCH und TOMMY

waren zwei ewig zankende Kater, die Anne Frank und ihrer Familie Gesellschaft leisteten, während sie sich in Amsterdam vor den Nazischergen versteckten. Bosch war ein Schimpfwort für Deutsche, Tommy eine umgangssprachliche Bezeichnung für britische Soldaten.

HINSE

war ein ausnehmend unleidlicher Kater im Besitz des Schriftstellers Sir Walter Scott, der regelmäßig auf die zahlreichen Jagdhunde seines Herren losging. Diese Vorliebe wurde ihm 1826 zum Verhängnis, als er von einem Bluthund namens Nimrod getötet wurde.

POPULÄRKULTUR

PEPPER

Die erste Katze, die zum Filmstar wurde

Am Beginn des 20. Jahrhunderts kamen die ersten „lebenden Fotografien" in die Kintopps der Welt. Damals entstand auch der Eindruck, dass man eigentlich nichts Besonderes können müsse, um vor einer Kamera zu stehen und berühmt zu werden. Man brauchte anscheinend nur etwas Schneid, Glück und vielleicht auch ein überdimensioniertes Ego. Es war die Zeit, als ehemalige Shakespeare-Mimen, Varietékomödianten und sogar Kulissenschieber vom Theater in Hollywood gleichermaßen zu Ansehen und Geld gelangen konnten. Sogar eine herrenlose Katze geriet unversehens ins Rampenlicht der Öffentlichkeit.

Ihr Name war Pepper. Glaubt man dem Pressematerial von damals, so wurde sie vom erfolgreichen Komödienregisseur Max Sennet „entdeckt". Dem Erfinder der Keystone Cops fiel bei Dreharbeiten eines Tages eine graue Katze auf, die sich durch ein loses Bodenbrett in die Kulissen geschlichen hatte. Nicht nur, dass sie keine Szene machte – sie drehte auf der Stelle eine! Die Streunerin war ein Naturtalent. Sie trat wie auf Kommando mit den anderen Darstellern auf und spielte Gefühle, als hätte sie ihr Leben lang nichts anderes getan. Sennet war beeindruckt. Er erkannte, dass ihm ein Star über den Weg gelaufen war. Er gab der Katze an Ort und Stelle den Namen Pepper und ließ sie für sich arbeiten.

Peppers Karriere begann nach dem 1. Weltkrieg und dauerte bis Ende der Zwanzigerjahre. Schon bald nach ihrer Entdeckung zeigte sich, dass sie viel mehr war als eine schnurrende Requisite mit Fell. Sie lernte komplizierte Tricks und konnte vor der Kamera überzeugend mit dem Komiker Ben Turpin Schach spielen. Sie trat in einer langen Liste von witzigen Kurzfilmen mit Titeln wie *The Kitchen Lady*, *Never Too Old* oder *Rip and Stich: Tailors* auf.

Pepper spielte außerdem an der Seite vieler echter Kinostars, darunter die Keystone Cops, Charlie Chaplin und Fatty Arbuckle. Sie brachte sogar ihre Instinkte unter Kontrolle, als sie mit einem anderen von Sennets haarigen Darstellern im Duett vor der Kamera stand – *Frederich the Mouse*.

Doch am liebsten arbeitete Pepper mit einer dänischen Dogge namens Teddy. Teddy war vermutlich der erste Hundestar im amerikanischen Film. Er war auch unter Namen wie Keystone Teddy, Americas Best Friend und Teddy the Wonder Dog bekannt, und Pepper spielte mit ihm in mehreren Komödien von Max Sennet. Die beiden wurden unzertrennliche Freunde, und als Teddy in den späten Zwanzigern starb, verfiel seine vierbeinige Freundin in tiefe Trauer. Wenig später warf sie als Darstellerin selbst das Handtuch. Man kann nur hoffen, dass sie nach ihrem Ausstieg aus der Schauspielerei einen wohlverdienten ruhigen Lebensabend auf einem sonnigen Fensterbrett genoss.

KASPAR

Der absolute Glücksbringer unter den Katzen der Welt

Seit das berühmte Londoner *Savoy-Hotel* im Jahr 1889 eröffnet wurde, ist es der Inbegriff von Eleganz und Lebensart. Von Anfang an legte das Haus größten Wert darauf, seinen Gästen jeden nur erdenklichen Wunsch zu erfüllen. Dieser Anspruch war es letztlich, der die unglücklichen Ereignisse des Jahres 1898 zu einer großen Herausforderung für seine Betreiber machte. Eines Abends reservierte ein südafrikanischer Geschäftsmann namens Woolf Joel zum Abendessen einen Tisch für 14 Personen. Im letzten Moment fiel ein Gast aus, womit die Abendgesellschaft auf 13 Teilnehmer schrumpfte. Das drückte auf die Stimmung. Natürlich kannte auch Joel die alte Weisheit, nach der dem ersten Gast, der von einem Tisch mit 13 Personen aufsteht, schreckliches Unglück droht. Joel sah der Gefahr lachend ins Gesicht. In einer ebenso weitherzigen wie galanten Geste nahm er alle möglichen Unglücksfolgen auf sich, stand als erster vom Tisch auf und verabschiedete sich.

Das war eine mutige Tat – aber vielleicht auch eine sehr unkluge. Kaum zurück in Südafrika, wurde Joel ermordet in seinem Büro aufgefunden.

Hatte seine Einladung im *Savoy* an jenem Abend mit seinem Tod zu tun? Die Leitung des Hotels beschloss, kein zweites Mal ein solches Risiko einzugehen. Von da an gesellte sich immer ein Angestellter zu Gruppen mit 13 Teilnehmern und aß auf Kosten des Hauses mit. Da aber ein Diner mit einem Fremden das Plaudern etwas mühsam gestalten konnte, suchte man nach einer besseren Lösung. 1927 wurde der Künstler Basil Ionides mit der Skulptur einer schwarzen Katze im Art Deco-Stil beauftragt. Sie ist einen Meter hoch, heißt Kaspar und kommt bis heute immer zum Einsatz, wenn eine Gesellschaft im Restaurant aus 13 Personen besteht.

Kaspar ist eine Berühmtheit im Savoy. Oft wurde er auch von Gesellschaften angefordert, die aus weniger oder mehr Personen bestanden. Wie bei jedem anderen Gast werden auch bei Kaspar die einzelnen Gänge samt Besteck auf- und wieder abgetragen. Die Kellner binden Kaspar sogar eine Serviette um den Hals.

Im Lauf der Jahrzehnte hat Kaspar mit unzähligen Größen sein Brot gebrochen. Er war ein bevorzugter Gast von Winston Churchill, der seine Diniergesellschaft *The Other Club* im *Savoy* gründete. Einmal musste der Premierminister sogar Kaspar zu Hilfe eilen und seine Freilassung aus den Händen eines Kampffliegers erwirken, der den Kater spaßeshalber entführen wollte. Vielleicht mochte Churchill Kaspar auch deshalb so sehr, weil dieser wirklich nie etwas weitererzählte, das er bei Tisch mitgehört hatte.

ORANGEY

Die Königin der Filmsternchen

Beim Gedanken an vierbeinige Darsteller und Darstellerinnen denkt man unwillkürlich zuerst an Hunde. Aber auch etliche Katzen haben ihre Krallen eingesetzt, um sich hochzuarbeiten. Ganz oben auf dieser kurzen Liste der Katzenhistrionen hockt die stolze Orangey, eine rotbraun getigerte Katze. „Entdeckt" wurde sie vom Tiertrainer Frank Inn, der seinen goldenen Riecher zuvor schon mit den Filmschweinen Benji und Arnold bewiesen hatte. Orangey gab ihr Debut in einer Komödie namens *Rhubarb*. Darin spielte sie die Erbin eines Baseballteams.

Doch erst ihre späteren Rollen machten Orangey zu einem kleinen Star. In den Fünfzigern spielte sie die Minerva in der Fernsehserie *Our Miss Brooks*. Daneben fand sie noch Zeit für Nebenrollen in mehreren bekannten Filmen für die große Leinwand, darunter den Science-Fiction-Klassiker *Metaluna IV antwortet nicht*. In *Unglaubliche Geschichte des Mister C.* jagte sie einen zum Däumling geschrumpften Mann. Den Gipfel des Ruhms erreichte Orangey 1961 als Audrey Hepburns Katze in *Frühstück bei Tiffany's*. Schon 1952 gewann Orangey den Patsy Award, den Oscar der Tiere, für ihre Leistung in *Rhubarb*. 1962 erhielt sie einen zweiten Patsy für *Frühstück bei Tiffany's*.

MIMSEY

Als die amerikanische Produktionsfirma *Mary Tyler Moore Enterprises (MTM)* in den späten Sechzigerjahren gegründet wurde, ahnte niemand, dass sie bald US-Quotenrenner wie die *Mary Tyler Moore Show*, *Hill Street Blues* und die

Bob Newhart Show ins Fernsehen bringen würde. Die aufstrebenden Produzenten versuchten, aus der Ähnlichkeit ihres Namens mit der *Metro-Goldwyn Mayer (MGM)* Kapital zu schlagen. Da *MGM* sich den brüllenden Löwen zum Markenzeichen erwählt hatte, suchte die *MTM* nach einem ähnlichen Maskottchen. Nun war die Firma aber viel jünger und vor allem sehr viel kleiner. Also entschieden sich ihre Köpfe für ein jüngeres und kleineres Tier als den *MGM*-Löwen: ein rotbraunes Kätzchen namens Mimsey.

Mimsey kam aus dem Tierheim. Sie wurde im Alter von einigen Wochen vor eine Kamera gestellt und gab ein quiekendes, klägliches Miauen von sich. Damit war ihre Fernsehkarriere auch schon wieder vorbei, und sie ging als Hauskatze zu einem Mitarbeiter von *MTM*.

Mimseys Inkarnation auf dem Bildschirm entwickelte bald danach ein Eigenleben. Das Miauen des Kätzchens zierte den Abspann jeder *MTM*-Produktion. Im Lauf der Jahrzehnte wurde seine Erscheinung manipuliert, um sie dem jeweiligen Programm anzupassen. Bei *Hill Street Blues* trug Mimsey einen Polizeihut, und bei *St. Elsewhere* eine Chirurgenmaske. Die echte Mimsey verstarb 1988. Ihr Bildnis im Fernsehen erfreut sich ewiger Jugend.

TOWSER

Die höchstprozentige Mäusefängerin der Welt

In der schottischen Destillerie Glenturret entsteht köstlicher Whisky der Marke *Famous Grouse*. Auf dem Gelände findet sich auch eine Bronzestatue zu Ehren einer besonders verdienten ehemaligen Mitarbeiterin. Es handelt sich nicht um eine begnadete Destillateurin und noch nicht einmal um einen Menschen. Die Statue erinnert an eine langhaarige schildpattgemusterte Katze namens Towser, und die Inschrift verrät auch, womit Towser sich ihre Ehrung verdiente: „Die berühmte Katze Towser lebte fast 24 Jahre hier im Still House von Glenturret. Sie fing in dieser Zeit 28.899 Mäuse und hält damit laut *Guinness-Buch der Rekorde* den Weltrekord im Mausen."

Dass eine Destillerie ein so blutgieriges Geschöpf gut brauchen kann, liegt auf der Hand. Denn in ihren Speichern lagern große Mengen Gerste, und die lockt Nagetiere in Scharen an. Räuberische Katzen sind also in jeder Destillerie gern gesehen. Doch auch unter dieser Elite war Towser eine Klasse für sich. Man schätzt, dass sie im Lauf ihres sehr langen Lebens mehr oder weniger vom Tag ihrer Geburt am 21. April 1963 bis kurz vor ihrem Tod am 30. März 1987 durchschnittlich drei Mäuse pro Tag erlegt hat.

Ihre Schreckensherrschaft machte Towser zu einer Berühmtheit. Sie trat im Fernsehen auf, erhielt Fanpost, und viele Besucher in Glenturret wollten gemeinsam mit ihr fotografiert werden. Nach ihrem Tod wurde sie durch die Katze Amber ersetzt. Amber war zwar eine sehr freundliche Gastgeberin, hat aber nach Auskunft verlässlicher Quellen bis zu ihrem eigenen Ableben im Jahr 2004 nicht eine einzige Maus getötet. Heute waltet eine ehemalige Streunerin namens Brooke ihres Amtes. Sie erhielt die Stelle nach einer ausgiebigen Talentsuche in ganz Schottland. Doch leider kann es auch Brooke beim Mausen längst nicht mit Towser aufnehmen. Auf der Homepage der Destillerie erfährt man, dass Brooke „häufiger zusammengerollt auf einem Fass in der Sonne schlafend zu sehen ist als bei der Mäusejagd". Zum Glück haben sich die Methoden der Getreidespeicherung inzwischen so weit verbessert, dass die Mäusepopulation in Glenturret stark abgenommen hat. Dadurch hat Brooke genug Zeit für das, was sie am besten kann – für Erinnerungsfotos mit Besuchern posieren.

Wie konnte Towser so viele Mäuse fangen? Mitarbeiter der Destillerie spekulieren noch heute, ob sie vielleicht von ihrem allabendlichen Teller Milch so sehr gestärkt wurde – denn der war immer mit einem „winzigen Schluck" des machtvollen Elixiers aus hauseigener Produktion versetzt. Vielleicht kämpfte Towser ja deshalb wie eine Löwin, weil sie aus eigener Erfahrung wusste, welche Werte es zu beschützen galt.

LUCKY

Eine Katze erfand eine Werbekampagne

So gut wie jeder Amerikaner kennt Morris the Cat, den Katzensprecher für eine Marke namens *9 Lives Cat Food*. Der rotbraune getigerte Kater erschien erstmals in den Sechzigerjahren im Fernsehen. Berühmt ist er noch heute für seine verlebte Stimme, seine blasierte Weltsicht und natürlich dafür, dass er an jedem Nahrungsmittel dieser Erde außer am *9 Lives*-Futter etwas auszusetzen hatte.

Morris wurde zu einer Werbeikone. Der Darsteller von Morris war weder blasiert noch heikel. Das hätte er sich als Streuner auch gar nicht leisten können.

Der Kater, der für die Rolle von Morris ausgewählt wurde, hieß ursprünglich Lucky. Und lucky – ein Glückskind – war er tatsächlich. Im Tierheim der *Humane Society* in Lombard, Illinois, stand ihm die Einschläferung unmittelbar bevor. Aber die Leiter des Tierheims erkannten, dass dieser Kater mit seinem schönen Fell und seinen grünen Augen etwas Besonderes war. Im Frühjahr 1967 kontaktierten sie den Tiertrainer Bob Martwick. Auch er war von dem Kater so beeindruckt, dass er ihn adoptierte.

Die 5 Dollar Adoptionsgebühr für Lucky waren Martwicks beste Investition in seinem ganzen Leben. Einige Monate später fragte die Werbeagentur Leo Burnett bei ihm nach einer gutaussehenden Katze, die vor der Kamera aus einer Schüssel fressen sollte. Lucky überzeugte die Vertreter der Agentur sofort. Er wurde auf den Namen Morris umgetauft und war im Juni 1969 erstmals im Fernsehen. Fast über Nacht begeisterte sich Amerika für den Kater. Die Zentrale von *9 Lives* wurde mit Fanpost für Morris überschwemmt. Noch mehr freute sich die Firma darüber, dass ihre Konserven weggingen wie die warmen Semmeln.

Morris' Ruhm breitete sich bald auf andere Medien aus. 1972 trat er in dem Film *Der Spürhund* auf. 1995 posierte er auf dem Umschlag einer Sonderausgabe zum 30jährigen Bestehen der Zeitschrift *Cat Fancy*. Den *Patsy Award*, den Oscar für Tiere, gewann er 1972 und 1973. Außerdem wurde er 1988 und 1992 als Präsidentschaftskandidat vorgeschlagen.

Während Name und Ruhm von Morris weiterleben, verstarb sein ursprüngliches alter ego Lucky schon 1975. Seither wurde Morris von vielen verschiedenen Doppelgängern gespielt. Seine derzeitige Inkarnation lebt mit ihrem Trainer Rose Ordile in Los Angeles. Das Original erreichte ein geschätztes Alter von

19 Jahren. Lucky wurde mit großem Pomp im Hinterhof von Bob Martwick begraben.

DER MEOW MIX-KATER

Ein Kater, der fast für die Werbung starb

Bevor es computergenerierte Spezialeffekte gab, mussten sich Tiertrainer die ausgefallensten Kniffe ausdenken, um ihre Darsteller vor der Kamera zum „Sprechen" zu bringen. In einem bekannten Fall aus den USA behalf man sich zum Beispiel mit Erdnussbutter, die man einem gewissen Mr. Ed aufs Maul schmierte. Doch es gab auch eine Katze, die etwas unfreiwillig und auf Anhieb eine der erfolgreichsten Werbekampagnen der Welt improvisierte.

Alles begann in den Siebzigern, als die Werbeagentur *Della Femina, Travisano & Partner* mit einem Werbespot für Katzenfutter der amerikanischen Marke *Meow Mix* beauftragt wurde. Man fand eine rötlich-weiß getigerte Katze, die das Pech hatte, beim Dreh an dem Futter beinahe zu ersticken. Zunächst schienen die Aufnahmen einer Katze, die mit offenem Maul geräuschlos um Luft rang, völlig unbrauchbar. Doch dann hatte Jerry Della Femina eine Idee. Er ließ einen Werbesong passend zu den Kieferbewegungen herstellen, der bis heute in den USA ein Ohrwurm ist, und landete damit eine Sensation. Zum Glück gelang es auch der Katze, den Brocken in ihrem Hals wieder loszuwerden. Sie lebte danach glücklich und zufrieden bis ans Ende ihrer langen Tage.

DER KATER VON HOWARD HUGHES

Ein Kater hat alles, was man sich wünschen kann – außer einem Besitzer

Der Milliardär, Filmproduzent, Flugzeugpionier und Kasinobesitzer Howard Hughes war ebenso unglaublich reich und berühmt wie unglaublich schräg. Aus unzähligen Geschichten weiß man, welch bizarre Formen diese Schrägheit annehmen konnte. So soll Hughes beim Essen seine Erbsen der Größe nach auf dem Teller geordnet haben, wofür er eigens einen winzigen Rechen bei sich trug. Bekannt ist auch, dass er nie müde wurde, für die üppige Oberweite seines Schützlings und Filmstars Jane Russell den perfekten Büstenhalter zu entwerfen. Kaum überraschend scheint vor diesem Hintergrund Hughes' Reaktion, als seine damalige Frau Jean Peters ihm sagte, ein von ihr adoptierter, eher verwegen aussehender Kater sei abhanden gekommen.

Über den Namen des Katers schweigen die Annalen, aber Hughes' Reaktion auf sein Verschwinden fand Eingang in das Lexikon der Exzentrik. Der Milliardär soll alles in Bewegung gesetzt haben, um das Tier zu finden. Er plante die Operation generalstabsmäßig von seinen privaten Gemächern aus und verlangte von seinen Handlangern zu jeder vollen Stunde Rechenschaft über die erzielten Fortschritte. Doch als der arme Kater schließlich aus einem Versteck in einem alten Schuppen geholt wurde, untersuchte Hughes ihn höchstpersönlich und erklärte, dass er ungeeignet für seinen Haushalt sei.

Damit begann die aufwändige Suche nach einem passenden Heim für den Kater. Mehrere Adoptionsanwärter stellten sich vor und wurden nach ausführlichen Bewerbungsgesprächen aus dem einen oder anderen Grund abgewiesen. Nach langem Hin und Her übergab man das Tier einem luxuriösen Katzenheim von der Sorte, die sich auf die verschrobenen Vorstellungen und hohen

Ansprüche eines Howard Hughes einzustellen wusste. Der Kater erhielt ein eigenes, mit Teppichen ausgelegtes und geschmackvoll eingerichtetes Zimmer. Auch ein Fernseher durfte nicht fehlen.

Das Katzenheim verlangte allerdings von den Besitzern, dass sie ihren Tieren einmal im Monat einen Brief schrieben. Hughes soll diese lästige Aufgabe ebenfalls sofort delegiert haben. Der Briefschreiber stand noch auf der Gehaltsliste – und die Katze räkelte sich vermutlich immer noch in ihrem Zimmer mit Fernseher –, als Hughes am 5. April 1976 starb. Jean Peters, die mit der Aufnahme des Katers die ganze Aktion angestiftet hatte, war zu diesem Zeitpunkt schon seit fünf Jahren von dem unberechenbaren Milliardär geschieden.

TIDDLES

Der fetteste Kater Londons

Zu den beliebtesten Tierfiguren rund um den altehrwürdigen Londoner Bahnhof Paddington gehört ohne Zweifel ein Bär – Paddington Bear. Es gibt in dem höhlenartigen Bau einen Souvenirladen, in dem man alles Mögliche kaufen kann, das nur irgendwie in Verbindung zu diesem vierbeinigen Schutzheiligen steht. Einen etwas bescheideneren Ruf genießt das zweite Pummelchen des Bahnhofs: Tiddles, der Toilettenkater. Seine nicht ganz so herzerwärmende Geschichte begann 1970, als die Toilettenfrau June Watson den sechs Wochen alten Streuner adoptierte und mit zur Arbeit nahm. Bald kam die Hälfte der Damen weniger, um die Toiletten zu benutzen, als um dem zugänglichen Kater einen Besuch abzustatten.

Sie kamen mit Geschenken wie Steaks, Hähnchenkeulen, Lammkoteletts und mit allem, was sonst noch einen Kater verführen kann. Die Leckereien trafen in solchen Mengen ein, dass Tiddles zu ihrer Aufbewahrung bald einen eigenen Kühlschrank brauchte. Erwartungsgemäß schwoll der Herrscher über die Damentoilette bald zu königlichem Umfang an. Im Jahr 1982 war er so schwer, dass er zum „fettesten Kater Londons" gekürt wurde.

Natürlich war das kein gesundes Leben, und bald wurden die Besucherinnen gebeten, vom Füttern Abstand zu nehmen – vergeblich. Der arme Tiddles wog nun eher unelegante 16 Kilo. Er sah aus wie ein Medizinball mit Haaren. Obwohl er schließlich an gesundheitlichen Problemen im Zusammenhang mit seinem Übergewicht starb, kann man davon ausgehen, dass er bis zum Schluss glücklich war.

TONI

Der begehrteste Junggeselle in der Welt der Katzen

Kann man eigentlich zu sehr begehrt werden? Im Fall eines gewissen Toni war das mit Sicherheit so. Denn Toni hatte einen derart erlesenen Stammbaum, dass er nicht nur für Kenner und Liebhaber, sondern auch für Diebe zu einem Objekt unwiderstehlicher Begierde wurde.

Die Geschichte begann eines Tages im Jahr 2000, als der englische Katzenzüchter Peter Collins hörte, wie jemand beim Freigehege seines türkischen Langhaar-Angorakaters herumschlich. Als Collins nachsehen ging, entdeckte er eine Frau mit orange getönter Sonnenbrille, die mit seinem Toni in einem Korb davonlief. „Ich rannte hinterher und sah noch, wie sie in ein Luxusauto mit ausländischen Kennzeichen und laufendem Motor sprang", erzählte er den Journalisten der *BBC*. „Dann rasten die Diebe davon."

Die räuberische Entführung wurde nach Erkenntnissen der Polizei sorgfältig geplant und durchgeführt. Aber warum treibt jemand einen solchen Aufwand, nur um eine Katze zu stehlen? – Weil Toni (mit vollem Namen Antonio B. Pinardin) ein extrem seltenes und wertvolles Exemplar seiner Art war. Fachleute schätzen, dass man ihn für 250 000 Pfund verkaufen hätte können. Nur einige Jahre zuvor hatte Collins den Kater für den relativ vernünftigen Preis von 1500 Pfund bei einem deutschen Züchter gekauft. Doch dann fiel Tonis gesamte restliche Familie einer Katastrophe zum Opfer, und sein Marktwert stieg ins Unermessliche.

Schon vorher war Toni eine von nur wenigen, absolut reinrassigen türkischen Langhaar-Angorakatzen in der Welt. Er wurde im Zuge eines 40 Jahre dauernden Züchtungsprogramms im Zoo von Ankara geboren und sollte die einst beim ganzen europäischen Adel begehrte Katzenart vor dem Aussterben bewahren.

Toni war also schon vor seiner Geburt zum Zuchtkater bestimmt. Dann kam es zum Ausbruch einer Aids-ähnlichen Viruserkrankung im Zoo von Ankara, die fast den gesamten Bestand vernichtete. Danach war Toni der einzige zeugungsfähige Kater mit makelloser Abstammung. So erklärt sich, dass sein Kurs schneller stieg als eine Internetaktie vor dem Platzen der Dotcom-Blase. Allein sein Begattungshonorar betrug geschätzte 600 Pfund. Im Lauf seines Lebens scheffelte dieser Beglücker aller Katzen ein Vermögen.

Das Geld verdient jetzt wahrscheinlich jemand anderer. Trotz Interpol-Fahndung ist Toni bis heute spurlos verschwunden. Es gibt die Theorie, dass sich ein deutscher „Sammler" mit dem

Kater auf- und davon gemacht haben könnte. Collins behauptet, die Diebin habe auf der Flucht Deutsch gesprochen.

Falls Toni noch am Leben ist, muss man sich wegen seiner Haftbedingungen keine Sorgen machen. Wo immer er sich aufhält: Er wird wahrscheinlich gut behandelt und erfreut sich regen intimen Zuspruchs. Bleibt zu hoffen, dass wenigstens sein neuer Besitzer gut auf ihn aufpasst und auch sein Freigehege sicher versperrt.

DOCKET

Aus einer entlaufenen Katze wird ein Sammlerobjekt

Bei der bekannten Londoner Konzeptkünstlerin Tracey Emin kann man nur schwer sagen, wo das öffentliche Berufsleben aufhört und das Privatleben beginnt. Emin hat mit den verschiedensten Medien von Malerei über Fotografie, aber auch Federbetten mit Flicken gearbeitet. Ihr berühmtestes Werk heißt schlicht *Mein Bett* und ist genau das: ihr eigenes, ungemachtes Bett als Installation, mit schmutzigen Klamotten und Müll rundherum. Es sorgte für Empörung in der Kunstwelt und machte Emin zu einer Berühmtheit. Heute wird der Wert der Arbeit auf 150 000 Pfund geschätzt.

Offensichtlich kann fast alles und fast jeder zu einem Teil von Tracey Emins Arbeit werden. Das rächte sich, als ihr Kater Docket im Jahr 2002 aus ihrem Haus entschwand. Emin hing in der Nähe ihres Hauses Zettel mit der Aufschrift „Kater vermisst" auf. Die Zettel wurden umgehend von Sammlern abgerissen und für bis zu 500 Pfund verkauft. Emin konnte das erst kaum glauben, doch dann ließ sie verbreiten, dass die eilig geschriebenen Zettel absolut nichts Künstlerisches an sich hatten. Zum Glück löste sich das Problem am Ende von selbst: Die Sammler durften ihre Trophäen behalten, und Docket fand von selbst wieder nach Hause.

FRANK

Der erste Kater als Internetphänomen

Viele Künstler leiden für ihr Werk. Aber nur wenige litten so sehr wie der Internetstar Frank. 2003 erklärte die Suchmaschine *Yahoo!* seine Internetseite zu einer der beliebtesten des Jahres. Für so viel Zuspruch tat Frank nichts weiter, als still in einem Käfig zu liegen – und davor beinahe in einem Verkehrsunfall gestorben zu sein.

Die unglaubliche Geschichte begann im Januar 2002, als Frank in der Nähe seines Hauses im englischen Cambridge von einem Auto angefahren wurde. Bei dem Unfall brach sein Becken. Das erforderte eine Operation und einen langwierigen Heilungsprozess. Die Rekonvaleszenz verbrachte der Kater in einem Käfig im Haus seines Besitzers David Donna. Und Donna war Leiter und Miteigentümer einer kleinen Internetfirma.

Donna hatte eine Idee. Angeblich, um ein hauseigenes Programm zu testen, aber vielleicht auch, weil er etwas Cooles machen wollte, erstellte er eine Website und erzählte darauf von Franks leidvollen Erlebnissen. Er stellte auch die Röntgenaufnahmen und einen Lebenslauf des Katers ins Netz.

Der eigentliche Renner waren aber zwei Webcams, über die Surfer jeden einzelnen Moment in der langen Erholung Franks mitverfolgen konnten.

Das Interesse der surfenden Allgemeinheit überstieg die kühnsten Erwartungen. Kurz nach der Freischaltung verzeichnete die Seite schon 2000 Besucher pro Minute. Während der ahnungslose Frank die meiste Zeit schlief, sahen ihm insgesamt fast fünf Millionen Menschen zu. Aber die Tage seines Ruhms waren gezählt. Sobald er wieder zu Kräften gekommen war und sich frei bewegen konnte, wollte er seinen Fans in aller Welt nicht mehr den Gefallen tun, sich im Dämmerzustand vor den Webcams zu räkeln.

Kurze Zeit später wurde die Seite vom Netz genommen. Im Nachhinein fragten sich etliche Personen des öffentlichen Lebens, wodurch sie so viel Aufmerksamkeit generiert hatte. „Das ist so ein Fall, wo etwas völlig aus dem Ruder läuft", sagte Donna im Interview mit der BBC. Immerhin hatte das Projekt auch eine unerwartete positive Folge: Ein unbekanntes Paar hatte Frank nach seinem Unfall geholfen und ihm wahrscheinlich das Leben gerettet. Als die beiden Frank im Internet entdeckten, kontaktierten sie seinen Besitzer. Donna konnte daraufhin eine Begegnung zwischen dem Kater und seinen Lebensrettern in die Wege leiten.

PHET UND PLOY

Die Prunkhochzeit der Katzen

Gewöhnlich lässt eine Braut den künftigen Gatten ihre Krallen spüren, wenn der große Tag näher kommt. Phet und Ploy aus Thailand schenkten sich beide nichts – und das ist keineswegs erstaunlich, denn sie waren schließlich siamesische Katzen. Die Hochzeit der beiden fand 1996 statt und gilt als die aufwändigste „Verehelichung" von Katzen in der Geschichte.

Warum sollen Katzen heiraten? Glaubt man ihrem Besitzer Vicharn Charas-archa, der mit Kosmetik reich geworden ist, dann hatten Phet und Ploy es mehr als verdient. Sie waren „diamant-äugig", was nach der Überzeugung vieler Thailänder besonderes Glück verheißt. Charas-archa selbst glaubt jedenfalls fest daran, seit er die beiden an der Grenze zu Birma entdeckte und mit nach Hause nahm. Seine kriselnde Firma erholte sich nur kurze Zeit später.

Um die beiden Glücksbringer am unverhofften Reichtum teilhaben zu lassen, gab Charas-archa für sie eine Hochzeitsparty in einer Diskothek in Bangkok. Der Bräutigam kam mit dem Hubschrauber. Die Braut ließ Charas-archa im Wagen chauffieren, nicht ohne sie vorher mit einer Mitgift von 40 000 Dollar auszustatten. Der Kater trug Smoking, die Katze ein standesgemäßes Kleid. An beider Pfoten prangten thailändische Eheringe.

Auf die Zeremonie folgte eine Kreuzfahrt auf dem Fluss und nicht lange danach ein Abstecher zum Tierarzt. Das musste sein, denn die „Diamantaugen" bei den Katzen sind eine Form des grünen Stars.

WEITERE HERAUSRAGENDE KATZENPERSÖNLICHKEITEN DER GESCHICHTE

GRIMALKIN

war die berühmte Katze des Apothekers und
Propheten Nostradamus. Genauso heißt auch die
Katze der Hexe in Shakespeares *Macbeth*.

DELILAH

hieß das Lieblingstier von Freddie Mercury, dem Sänger
der berühmtem englischen Rockband Queen. Die schildpattgemusterte Katze wurde in dem Song *Delilah* auf
dem Album *Innuendo* von 1991 verewigt. Der Text führt
ihre guten Eigenschaften an, enthält aber auch eine Rüge
dafür, dass sie zu Hause auf den Teppich pinkelte.

RUPI

war das Haustier von Jethro Tull-Gründer Ian Anderson und
die Inspiration zu seinem Soloalbum *Rupi's Dance* von 2004.

JELLYLORUM

gehörte dem Dichter T. S. Elliot und inspirierte
diesen zu seinem *Old Possums Katzenbuch*, der
literarischen Vorlage des Musicals *Cats*.

KAROUN

war die Katze des berühmten französischen Autors und
Regisseurs Jean Cocteau. Die katzenhafte Erscheinung des
Biests in seinem Film *Die Schöne und das Biest* von 1946
orientierte sich angeblich an den Gesichtszügen von Karoun.

EINE HELDENGALERIE

SIMON

Britannias höchstdekorierter Kater

Wenn Katzen auf Schiffen leben, brauchen sie weit mehr Mumm und Stehvermögen als gewöhnlich. Sie sind ständig von Wasser umgeben, und wenn ihr Schiff zufällig ein Schlachtschiff ist, müssen sie auch mit Kampfhandlungen fertig werden.

Das war das Los eines gewissen Simon, der auf dem britischen Zerstörer *HMS Amethyst* diente. Er bewies solchen Mut inmitten verlustreicher Kämpfe und Verletzungen, dass ihm als erster Katze in der Geschichte Englands eine Tapferkeitsmedaille verliehen wurde.

Simon wurde in wenig förderlichen Umständen auf einer Insel vor der Küste von Hongkong geboren. Zur See ging er erstmals im März 1948, als ihn ein Matrose heimlich an Bord der *Amethyst* brachte. Er freundete sich mit dem Kapitän an, begleitete ihn auf seinen Rundgängen und schlief sogar in seiner Mütze. Simon erwies sich außerdem als fachkundiger Rattenjäger. Oft legte er seine tote Beute dem befehlshabenden Offizier vor die Füße.

1949 bekam die *Amethyst* einen neuen Kapitän, der Simons Anwesenheit ebenfalls zu schätzen wusste. Kurze Zeit später erhielt das Schiff einen gefährlichen Auftrag: Das chinesische Festland wurde gerade von der kommunistischen Revolution erfasst, und die *Amethyst* sollte den Jangtse stromaufwärts bis nach Nanking fahren, um im Fall der Einnahme der Stadt durch die Truppen Mao Zedongs das britische Botschaftspersonal zu evakuieren.

Die Reise der *Amethyst* führte sozusagen in die Höhle des Löwen. Das Schiff wurde immer wieder von Artilleriestellungen an beiden Ufern beschossen. Dabei starben mehr als zwei Dutzend Besatzungsmitglieder, und es entstanden schwere Schäden am Rumpf. Beim Versuch, einem dieser Angriffe zu entkommen, lief die *Amethyst* auf Grund. Die Kajüte des Kapitäns bekam einen Volltreffer ab, der den Kapitän und, wie alle annahmen, auch Simon tötete. Nach langem vergeblichen Bemühen gelang es der Mannschaft, das Schiff wieder flott zu machen und es außer Reichweite der Geschütze zu manövrieren. Die Verwundeten wurden versorgt und die Toten bestattet.

Irgendwann merkten die Männer, dass Simon die Verwüstung der Kapitänskajüte überlebt hatte – wenn auch nur knapp. Seine Schnurrhaare waren versengt, er war halb verdurstet und blutete aus mehreren Schrapnellwunden. Er kam ins Schiffslazarett und wurde dort notdürftig zusammengeflickt. Seine Überlebenschancen schienen gering.

Doch der unverwüstliche Kater war anderer Ansicht. Langsam, aber sicher erholte er sich, bis er wieder genug bei Kräften war, um Ratten zu jagen. Zeit dazu hatte er genug, denn die *Amethyst* befand sich hinter den Feindeslinien und konnte nicht aufs offene Meer entkommen. Die Nahrung wurde knapp, und die Rattenpopulation auf dem Schiff unternahm alles, um an die Vorräte heranzukommen. Obwohl selbst noch verwundet, kämpfte Simon tapfer an dieser Front.

Wenn er nicht gerade auf Rattenstreife war, hielt sich Simon im Lazarett bei den anderen Verwundeten auf. Für einige von ihnen war die Anwesenheit der Katze bestimmt ein Trost. Simon gelang es sogar, mit dem neuen Kapitän der *Amethyst* Freundschaft zu schließen, obwohl dieser aus seiner Abneigung gegen Katzen kein Geheimnis gemacht hatte. Als der Kapitän fieberkrank in seiner Koje lag, saß Simon pflichtschuldig neben ihm.

Nach zwei Monaten auf dem Jangtse konnte die Amethyst im Schutz der Dunkelheit endlich entkommen. Die ganze Besatzung wurde als Helden gefeiert – einschließlich Simons. Er bekam die Dicken-Medaille für den heldenhaften Einsatz von Tieren, das ungefähre Gegenstück zum prestigeträchtigen Victoria Cross. Keine zweite Katze hat vor oder nach Simon diese Ehrung erhalten.

Leider erlebte Simon die Verleihung nicht mehr. Während er in England eine sechsmonatige Quarantäne absitzen musste, zog er sich eine Infektion zu und starb am 28. November 1949. Auf seinem Grab steht heute ein Stein, der mit britischem Understatement feststellt, Simons Verhalten sei „von höchstem Rang" gewesen.

FAITH

Eine Katze trotzt dem Luftangriff auf London

Zu Beginn des 2. Weltkriegs sah es für Großbritannien überhaupt nicht gut aus. Nazideutschland hatte fast ganz Europa erobert, und es gab auf dem Kontinent keine Verbündeten mehr, die der Inselnation noch beistehen konnten. Von September 1940 bis Mai 1941 versuchte Hitler, den Widerstand der Bevölkerung durch einen Bombenterror gegen englische Städte und vor allem gegen London zu brechen.

Obwohl Tausende in diesem so genannten Blitzkrieg starben oder verwundet wurden, verfehlte er sein Ziel. Angesichts der Bedrohung bewiesen viele unvergessbaren Mut. Und das

Heldentum beschränkte sich nicht auf die Menschen: Im Mittelpunkt einer der bekanntesten Geschichten aus dieser Zeit steht eine Kirchenkatze namens Faith. 1936 fand die kleine getigerte Katze ihren Weg zur St. Augustine's Church in London und bezog im Pfarrhaus Quartier.

Wann immer Pater Henry Ross, der sie aufgenommen hatte, an der Messe teilnahm, war Faith mit dabei. Wenn ihr Wohltäter nicht selbst die Predigt hielt, saß sie in der vordersten Reihe. Wenn er predigte, saß sie zu seinen Füßen in der Kanzel.

Im August 1940 gebar Faith einen kleinen Kater. Der Kirchenchor feierte das Ereignis am darauf folgenden Sonntag mit hymnischen Gesängen. Das schwarz-weiße Wollknäuel wurde Panda genannt.

Doch am 6. September geschah etwas Merkwürdiges. Ohne erkennbaren Grund führte Faith den Pater zum Keller der Kirche und bat ihn, die Tür zu öffnen. Das tat er, und bald darauf sah er, wie die Mutter ihr Kätzchen aus dem bequemen Korb oben in der Wohnung in das staubige Dunkel trug. Dreimal trug der Pater das Kätzchen wieder hinauf, und dreimal trug Faith es wieder hinunter. Schließlich gab Ross auf und brachte den Korb für das Kätzchen in den Keller. Dort machte er es den beiden so bequem wie möglich.

Nur wenige Tage danach erschien das eigenwillige Verhalten von Faith plötzlich wie Hellseherei.

Am 9. September wurde die Kirche in Ross' Abwesenheit direkt von einer Bombe getroffen. Als der Pater nach Hause kam, sah er Rettungskräfte über die brennenden Reste des Gebäudes klettern. Er sagte ihnen, dass sich seines Wissens keine anderen Lebewesen als Faith und Panda darin aufhielten. Ein Feuerwehrmann erklärte daraufhin, dass es für die beiden keine Hoffnung gab.

Pater Ross konnte sich damit nicht abfinden. Er lief zwischen den brennenden und herabhängenden Balken umher und rief nach Faith. Irgendwann hörte er ein schwaches Miauen und grub sich durch den Schutt, bis er die beiden Katzen unter einem Stapel versengter Notenblätter fand. Faith saß schmutzig, aber unversehrt neben ihrem Kätzchen an genau dem Ort, den sie schon vor Tagen ausgekundschaftet hatte. Ross brachte die Katzen und sich selbst in Sicherheit, kurz bevor das Dach einstürzte.

Die Geschichte von Faith und ihrem kleinen Kater verbreitete sich schnell im ganzen Königreich. Am 12. Oktober 1945 war die St. Augustine's Church wieder aufgebaut und zum Brechen voll, als Faith in den Armen des Erzbischofs von Canterbury saß und einen Orden für ihre Tapferkeit erhielt.

Ihr Katerchen Panda wurde zum Maskottchen eines Altenheims. Faith blieb bis zu ihrem Tod am 28. September 1948 in der Kirche. Die Nachricht von ihrem Tod und ihrer Beisetzung am Eingang zum Kirchhof ging um die Welt. Die oft als „mutigste Katze der Welt" beschriebene Faith kann die Ewigkeit an jenem Ort verbringen, den sie am meisten mochte.

MRS. CHIPPY

Eine Katze erforscht die Antarktis

Zu den fesselndsten Abenteuern des 20. Jahrhunderts gehört die englische Antarktis-Expedition von 1914 unter dem berühmten Forscher Ernest Shackleton. Die Reise sollte ursprünglich mit dem Schiff *Endurance* bis zur Küste der Antarkis führen. Danach sollte eine kleinere Mannschaft den Kontinent in Schlitten durchqueren. Doch eine ganze Reihe von Katastrophen machte aus der Expedition einen Kampf ums nackte Überleben. Am Ende forderte sie auch das Leben eines allseits beliebten Teilnehmers – der Schiffskatze der *Endurance*, Mrs. Kitty.

Die Katze kam mit dem Schiffszimmermann Henry McNeish an Bord. Von der Mannschaft wurde sie Mrs. Chippy genannt („chippy" war damals ein gängiger Ausdruck für „Zimmerer"). Den Namen behielt sie auch, als man feststellte, dass die „Mrs." eigentlich ein Kater war. Und dieser Kater arbeitete schwer für seinen Unterhalt, denn er tötete Mäuse und Ratten, die sich über die Vorräte auf dem Schiff hermachten.

Wenn Mrs. Chippy nicht gerade Ungeziefer jagte oder mit den Matrosen spielte, schien er stets auf der Suche nach neuen Mitteln und Wegen, sein Leben aufs Spiel zu setzen. Auf dem Oberdeck standen die Käfige mit den Schlittenhunden, und Mrs. Chippy liebte es, direkt vor ihnen auf und ab zu scharwenzeln. Eines Nachts, als sich das Schiff schon im eiskalten Südatlantik befand, sprang der Kater aus einem Bullauge in die nachtschwarze See. Es war ein reines Wunder, dass das jemandem auffiel, und das Schiff konnte gerade noch rechtzeitig umkehren, um Mrs. Chippy zu bergen. Er verbrachte ungefähr zehn Minuten im Wasser – jeder normale Mensch wäre in dieser Zeit ertrunken.

Aber das Glück war Mrs. Chippy nicht für immer hold. Im Januar 1915 blieb die *Endurance* weit entfernt von der Küste der Antarktis im Eis stecken. Es vergingen Monate, ohne dass sich der Würgegriff der Elemente lockerte. Schließlich wurden die Vorräte knapp, und das Gewicht der Eisschollen begann, den Schiffsrumpf zu zermalmen. Die Mannschaft musste in Zelten auf dem Eis leben. Shackleton beschloss, alles auf eine Karte zu setzen, indem er das Schiff zurück ließ und die Mannschaft mit der nötigen Ausrüstung und allem Proviant, den sie tragen oder ziehen konnte, 500 Kilometer weit in offenen Booten und auf Schlitten bis zum Ufer führte. Alle kamen mit. Alle außer Mrs. Chippy. Shackleton entschied, dass auf einem solchen verzweifelten Marsch ums Überleben für einen Kater kein Platz war.

Als die Zeit zum Aufbruch gekommen war, verabschiedeten sich alle von dem glücklosen Kater. Der Schiffskoch servierte ihm sein Lieblingsgericht, eine Schale voll Sardinen. Dann wurde Mrs. Chippy so human wie möglich hinüber zum großen Kratzbaum im Himmel befördert. Die Mannschaft der *Endurance* verließ kurz darauf das Schiff. Sie verbrachte die nächsten Monate damit, in offenen Booten auf dem eiskalten Ozean zu fahren und über die gefrorene Tundra zu stapfen. Am Ende fand die ganze (menschliche) Besatzung den Weg zurück in die Zivilisation.

Shackleton wurde nach der Rückkehr als Held gefeiert. Doch in den Augen von Henry McNeish, dem Besitzer von Mrs. Chippy, war er ein Schurke. Der Zimmerer konnte Shackleton nie verzeihen, dass er das Tier geopfert hatte. Nach der Expedition ließ

McNeish sich in Neuseeland nieder und blieb dort bis zu seinem Tod im Jahr 1930. Wann immer das Gespräch auf die Arktisreise kam, klagte er voll Bitterkeit über den Mord an seinem Kater.

Der alte Zimmerer erhielt wenigstens in seinem Nachleben etwas Trost und Gesellschaft. 2004 wurde sein Grab in Wellington um eine lebensgroße Bronzeskulptur ergänzt, die seinen geliebten vierbeinigen Freund Mrs. Chippy darstellt.

FELIX

Die erste Katze im Weltraum

Am Beginn des Weltraumzeitalters wurden zahlreiche Hunde, Schimpansen und andere Tiere in Versuchsraketen gestopft und in die Erdumlaufbahn geschossen. Viele von uns erinnern sich noch heute an den Hund Laika und den Affen Ham. Weitgehend vergessen sind hingegen die Weltraumabenteuer von Felix, der ersten Katze im Weltraum.

Felix war ursprünglich ein Pariser Streuner. Ob er ein Kater oder eine Katze war, lässt sich heute nicht mehr mit Sicherheit sagen. Auf jeden Fall hat man ihn für seine Expedition gründlich ausgebildet. Am 18. Oktober 1963 wurde er auf einem französischen Stützpunkt in Algerien in die Forschungsrakete *Veronique AG1* verfrachtet und in das unbekannte Jenseits geschossen. Die Umlaufbahn hat Felix nicht erreicht. Aber er reiste immerhin mehr als 200 Kilometer im Weltraum, bevor die Kapsel wieder in die Atmosphäre eintrat, einen Fallschirm öffnete und landete. Niemand weiß genau, was danach mit Felix geschah. Nur eines ist sicher: Es ging ihm besser als der zweiten Katze im Weltall, deren Rakete am 24. Oktober desselben Jahres mitten im Flug entzwei brach.

Felix' Reise ist ein Höhepunkt in der Geschichte der Katzenheit, mit dem einzigen Schönheitsfehler, dass die Franzosen zwei Jahre vor Felix bereits die erste Ratte in den Weltraum geschossen hatten.

DAS KLETTERKÄTZCHEN

Eine Katze bezwingt das Matterhorn

Kaum ein anderer Berg hat einen solch Ehrfurcht gebietenden Ruf wie das Matterhorn. Seine steilen Wände trotzten lange Zeit allen Bezwingern. Erst Mitte des 19. Jahrhunderts erreichte der erste von ihnen den Gipfel. Und bis heute fordert der 4478 Meter hohe Berg jedes Jahr das Leben etlicher unvorsichtiger Kletterer. Das Matterhorn ist eindeutig kein Terrain für Jugend und Unerfahrenheit.

Es sei denn, beide vereinen sich in einer Katze. Die erste Besteigung des berühmtem Alpengipfels durch eine Katze geschah im August 1950, im Zuge einer Expedition unter Edmund Biner. Als die Gruppe auf rund 3000 Metern Höhe eine Pause einlegte, stellte sie fest, dass sie verfolgt wurde –

von einem vier Monate alten Kätzchen, das einer gewissen Josephine Aufdenblatten aus Genf gehörte.

Warum das Kätzchen den Männern hinterher lief, ist nicht bekannt. Was wir mit Sicherheit wissen ist, dass es ihnen den gesamten Weg bis zum Gipfel folgte. Oben angekommen, erkannte einer der Bergsteiger, dass das erschöpfte Tier etliche seiner neun Leben aufgebraucht hatte, steckte es in seinen Rucksack und trug es hinunter bis ins Tal.

SCARLETT

Eine Katze wird zu einer Action-Heldin

Eine dürre namenlose New Yorker Stadtkatze verwandelte sich in eine international bekannte Heldin. Diese Verwandlung geschah blitzschnell, genauer gesagt: in einer Feuersbrunst.

Ihre Geschichte begann 1996, als ein Brand eine Autowerkstätte im Osten von New York vernichtete. Während sich der Kampf gegen die Flammen seinem Ende näherte, fielen den Feuerwehrleuten drei wenige Wochen alte Kätzchen auf. Sie versteckten sich in der Nähe des Eingangs und wimmerten vor Angst. Auf der anderen Straßenseite saßen noch zwei Kätzchen. Eine Glückskatze mit schweren Verbrennungen lief aufgeregt zwischen ihren Jungen hin und her.

Es dauerte nicht lange, bis der Feuerwehrmann David Giannelli die Situation erfasste. Seine Schwäche für Vierbeiner hatte ihm in der Feuerwehrabteilung *Ladder Company 75* bereits den Spitznamen „Tierfreund" eingetragen. Er begriff, dass die Katzenmutter in das brennende Haus gerannt war, um ihre Jungen zu retten. Nun versuchte sie trotz ihrer schweren Verwundungen, ein neues Versteck für sie zu finden.

David sammelte die Mutter mit ihrem Wurf ein und brachte sie zu einer Tierschutzorganisation auf Long Island. Deren Mitarbeiter erkannten die Chance auf ein wenig öffentliche Aufmerksamkeit und erzählten die Geschichte einem lokalen Fernsehsender. Bald genossen sie weit mehr als nur ein wenig Aufmerksamkeit. Von *CNN* bis *BBC* brachten alle die Geschichte, und es kamen Briefe und Anrufe selbst aus Ägypten und Japan.

Die Katze wurde nach der scharlachroten Färbung ihrer Verbrennungen Scarlett genannt. Leider starb eines der Kätzchen an einer Infektion. Aber die anderen vier erholten sich prächtig. Während die Katzenfamilie von ihrem Trauma und ihren Wunden genas, trafen Tausende Adoptionsangebote aus aller Welt für sie ein. Schließlich wurden zwei Kätzchen namens Samsara und Tanuki an eine Familie in der Nachbarschaft des Tierheims abgegeben. Die anderen beiden, Cinders und Oreo, verschlug es ganz in die Nähe nach Hampton Bays.

Mutter Scarlett kam bei Familie Wellen in Brooklyn unter. Ihre Wunden verheilten größtenteils. Einzig ihre schlechten Augen und die amputierten Spitzen ihrer Ohren blieben als Male zurück. Die neuen Besitzer trugen auch sehr zur Heilung ihrer emotionalen Wunden bei. „Ihr Liebeshunger ist absolut unstillbar", erzählte ein Familienmitglied der *New York Times*.

Das galt wohl auch für ihren Appetit. Denn nach ihrer Rettung schwoll die einst sehr hagere Actionheldin Scarlett auf über acht Kilo an.

MURKA

Ein Kater verteidigt Stalingrad

Keine andere Schlacht des 2. Weltkriegs war so verlustreich und blutig wie die um Stalingrad von 1942. 199 Tage lang versuchte die 6. Armee der Wehrmacht, die heute Wolgograd genannte Stadt einzunehmen. Der Angriff endete mit der Einkesselung und Kapitulation der deutschen Truppen. Bis dahin mussten über 700 000 Menschen sterben.

Der Sieg der Sowjets erforderte unglaubliche Heldentaten. Zu den Tapfersten der Tapferen gehörte auch ein Kater namens Murka. In den grimmigen Häuserkämpfen Stalingrads kam es dem Selbstmord gleich, wenn man sich auch nur einen Moment lang auf der Straße sehen ließ. Und doch hatte eine bestimmte Einheit, deren Aufgabe das Lokalisieren deutscher Artilleriestellungen war, keine andere Wahl, als ihre Informationen auf

Zetteln von Hand zu Hand weiter zu geben – bis Murka ihnen zur Hilfe kam. Der Streuner konnte unbemerkt Nachrichten zwischen den Einheiten transportieren und ersparte seinen Kameraden damit, sich jedes Mal in höchste Lebensgefahr zu begeben. Seine Heldentaten wurden von der Londoner *Times* gebührend gewürdigt. „Er hat in Stalingrad seinen Mann gestanden, und egal ob Mensch oder Katze: Eine größere Auszeichnung kann es kaum geben."

PRECIOUS

Eine Katze überlebt den 11. September

In Grenzsituationen können sich Normalbürger manchmal selbst mit ungeahnten Reserven an Heldenmut und Entschlusskraft übertreffen. So war es am 11. September 2001 bei vielen New Yorkern. So war es auch bei einer verwöhnten, fast 5 Kilo schweren Perserkatze namens Precious. Ihre Überlebensgeschichte ist ebenso unglaublich wie inspirierend.

Die Besitzer von Precious, Steve und D. J. Kerr, waren an diesem Tag verreist. Ihre Katze war allein in dem Appartement direkt gegenüber den Zwillingstürmen. Deren Einsturz zerbrach in dem Wohnhaus sämtliche Fenster. Stahl- und Glassplitter flogen durch die Luft, und das ganze Gebäude wurde von einer Staubwolke eingehüllt.

Aber es kam noch schlimmer. Das Haus Liberty Street 114 war so schwer beschädigt, dass die Bewohner es nicht mehr betreten durften. Precious musste sich selbst helfen – keine leichte Aufgabe für eine acht Jahre alte Katze, die in ihrem ganzen Leben nie die Wohnung verlassen hatte. Und doch fand eine Gruppe von Tierrettern sie 18 Tage später auf dem Dach des Gebäudes. Sie war durstig, dreckig und hatte ein Kilo abgenommen. Doch ansonsten ging es ihr gut. Ihr Überleben bewies, dass die New Yorker ein zähes Volk sind – auch diejenigen unter ihnen, die so gut wie nie aus dem Haus hinauskommen.

TOMMY

Ein Kater benutzt ein Telefon

Die Nachrichten sind voll mit Geschichten von Hunden, die ihren Besitzern in Notsituationen helfen. Und doch haben nur ganz wenige Hunde so viel Einsatz – von kognitiver Intelligenz nicht zu reden – bewiesen wie Tommy, der Kater von Gary Rosheisen aus Columbus, Ohio. Im Januar 2006 fiel der chronisch kranke Rosheisen aus dem Rollstuhl in der Nähe seines Bettes. Er konnte weder aufstehen noch um Hilfe rufen.

Kurz danach benutzte jemand Rosheisens Telefon, um einen Notruf zu tätigen. Als die Leitstelle ihn annahm, war es still am anderen Ende der Leitung. Die Beamten legten auf und riefen zurück. Als wieder niemand antwortete, schickten sie eine Polizeistreife. Die Polizisten drangen in die Wohnung ein und fanden Rosheisen bewegungsunfähig auf dem Boden seines Schlafzimmers liegend. Sein rotbrauner Kater Tommy saß im Wohnzimmer neben dem Telefon. Ansonsten war niemand in der Wohnung. Später erzählte Rosheisen, dass er in seinen vielen Mußestunden versucht hatte, dem Kater das Betätigen der Notruftaste auf dem Telefon beizubringen. Er ahnte nicht, dass der Kater seine Lektion tatsächlich gelernt hatte. „Er ist mein Held", erzählte Rosheisen der Agentur *Associated Press*.

EMILY

Eine Katze reist als blinde Passagierin nach Frankreich

Nicht allen Katzen wird ihre Neugier gleich zum Verhängnis. Häufig geraten sie nur in ein mehr oder weniger großes Schlamassel. So war es jedenfalls bei Emily, einer unauffälligen getigerten Katze, die ihre ersten Monate bei Lesley McElhiney in Appleton, Wisconsin verbrachte.

Emily hatte einen Riecher für gefährliche Situationen. Eines Tages streifte sie durch die Nachbarschaft und beschloss, ein nahe gelegenes Lagerhaus näher zu erkunden. Diese Entscheidung stand am Beginn eines Abenteuers, das sie auf einen fernen Kontinent führte und international bekannt machte. Weil Emily nicht sprechen kann, werden wir nie sämtliche Details ihrer Weltreise erfahren. Aber die wichtigsten Stationen ihrer Route sind gut bekannt.

Ende September 2005 stöberte sie also in einem

Papierwarenlager in der Nähe ihres Hauses herum. Irgendwie gelangte sie in einen Container mit Papier, das für Frankreich bestimmt war. Darin muss sie eingeschlafen sein – und zwar so fest, dass sie nicht merkte, dass der Container versiegelt und abtransportiert wurde.

Es dauerte Wochen, bis sie wieder Tageslicht sah. Erst wurde die Ladung per Lastwagen nach Chicago gebracht, dann von dort mit dem Schiff nach Belgien, und danach wieder mit dem Lastwagen zu einer auf Papierbeschichtungen spezialisierten Firma namens *Raflatac* in Nancy. Am 24. Oktober (zufällig der erste Geburtstag Emilys) entdeckten Arbeiter beim Entpacken der Ladung eine sehr dünne und sehr durstige Emily. Sie fanden eine Erkennungsmarke und riefen ihren Tierarzt in Wisconsin an. Dieser berichtete der Familie McElhiney, was er selbst kaum glauben konnte.

Die Geschichte von der Odyssee eines Kätzchens verbreitete sich schnell in aller Welt. Etliche Freiwillige erklärten sich bereit, die wanderlustige Katze auf dem Weg nach Hause zu begleiten. Die Firma *Raflatac* bezahlte 5 Euro pro Tag für die einmonatige Quarantäne, die Katzen in Frankreich absitzen müssen. Und als Emily schließlich ausreisen durfte, flog sie auf Kosten von *Continental Airlines* in der Business Class zurück nach Amerika. Emily hatte solchen Gefallen am französischen Essen gefunden, dass sie bei ihrer Ankunft deutlich pummeliger war als zuvor.

Die Familienzusammenführung fand auf dem Flughafen von Milwaukee statt, und seither führt Emily wieder ihr bescheidenes und stilles Leben von vorher. Seit ihrer schicksalhaften Begegnung mit den Papierstapeln, so erzählte McElhiney der *BBC*, „scheint sie ein klein wenig ruhiger, ein bisschen weiser vielleicht".

RUSIK

Der Kater mit einer Nase für gestohlenen Kaviar

Polizeihunde sind nun wirklich nichts Neues. Polizeikatzen dagegen sind rar. Noch rarer sind Polizeikatzen, die für ihre Arbeit ihr Leben opfern. Eine dieser wenigen war der russische Kater Rusik.

Das Besondere an Rusik war seine Nase. Adoptiert hatte ihn ein Beamter der Zollwache in Stawropol am Kaspischen Meer. Bald entdeckten die Zöllner, dass Rusik ein unbestechliches

Gespür für die Gegenwart von Kaviar hatte. Diese Begabung wäre fast überall in der Welt völlig nutzlos – aber eben nicht am Kaspischen Meer, denn hier erzeugen die Störe 95 Prozent des höchstwertigen Kaviars in der Welt. Und natürlich gibt es unter den Störfischern viele Wilderer, die den Rogen aus dem Land schmuggeln und auf dem Schwarzmarkt verkaufen.

Rusik war ein so großer Meister beim Aufspüren von verstecktem Kaviar in Autos, dass er die zuvor von der Polizei verwendeten Hunde ersetzte. Leider endete seine Karriere im Juli 2003 tragisch. Nachdem er einen Bus inspiziert hatte, sprang er auf die Straße und wurde von einem Auto überfahren – und zwar von einem Auto, in dem er zuvor geschmuggelten Rogen aufgespürt hatte. War es ein Auftragsmord? Einige hegen diesen Verdacht, denn nur kurze Zeit später starb eine weitere Polizeikatze, nachdem sie möglicherweise eine vergiftete Maus gefressen hatte.

SPARKY

Eine Katze überlebt 11 000 Volt

Katzen sollen bekanntlich neun Leben haben, doch manche gehen einfach zu sorglos damit um. Das galt auch für einen britischen Kater mit besonders ausgeprägter Neugier. Er schaffte es im März 1998 in die Schlagzeilen, nachdem er in ein Umspannwerk nahe seines Hauses in der englischen Stadt Hull eingedrungen war. Dort hatte er einen Kurzschluss ausgelöst und einen 11 000 Volt starken Stromstoß abbekommen. Das reicht normalerweise, um nicht nur eine Katze oder einen Menschen, sondern eine ganze Herde Elefanten zu töten.

Und doch überlebte der Kater. Ein Angestellter der Stromfirma entdeckte ihn kurz nach dem Unfall. Er befreite das schlaffe, halb verschmorte Tier aus dem Kabelgewirr und brachte es zum Arzt. Sein wundersames Überleben weckte das Interesse der Zeitungen und Fernsehsender im ganzen Land. Der Kater erhielt einen neuen Spitznamen: Sparky.

Sparky überstand seine Begegnung mit der Elektrizität aber nicht unbeschadet. Sein Fell und seine Pfoten waren verbrannt, ein vorderes Bein verletzt, seine Ohren gelähmt und seine Schnurrhaare verbrannt. Dennoch war er nicht so sehr entstellt, dass ihn seine entsetzten Besitzer, Steve Bateman und Tricia Watts, nicht auf einem Bild in der Zeitung erkannt hätten. Sie erklärten, dass Sparky in Wirklichkeit Soxy hieß, und erhoben Anspruch auf das berühmte Findelkind.

Aber die Öffentlichkeit forderte ihr Recht. Soxy/Sparky erschien häufig zu gesellschaftlichen Anlässen und diente als Maskottchen für diverse wohltätige Zwecke. Er gewann sogar eine Auszeichnung als Katze des Jahres. „Er war sehr treu und liebevoll", erzählte Bateman der BBC, „und er fand es toll, im Mittelpunkt zu stehen."

Leider konnte Sparky nicht aus seinen Fehlern lernen. Auch ließen ihn Bateman und Watts weiterhin frei in der Nachbarschaft stromern, obwohl er seinen Mangel an Urteilsvermögen deutlich bewiesen hatte. Eines Tages im September 1999 kam Sparky nicht mehr nach Hause. Seine Besitzer fürchteten das Schlimmste und baten die Leute im Umspannwerk, nach ihm zu sehen. Es dauerte nicht lange, da fanden sie ihn zwischen den Kabeln. Aber diesmal hatte Sparky das Glück verlassen.

In weniger als einem Wimpernschlag wurde aus einem Symbol des Lebenswillens ein Symbol für etwas noch viel Wichtigeres, nämlich die Notwendigkeit, gewisse Haustiere im

Haus zu lassen. Der Kater, der es noch einmal wissen wollte, kann nie mehr streunen. Auf immer und ewig ist er nun in ein winziges Grab im Garten seiner Besitzer gepfercht.

TRIXY

Eine Katze bricht ins Gefängnis ein

Katzen haben viele faszinierende und gewinnende Eigenschaften. Unbeirrbare Treue und Anhänglichkeit gehören normalerweise nicht dazu. Das macht Trixy, das Lieblingstier von Henry Wriothesley, dem Grafen von Southampton (1573-1624), so besonders. Wenn ihre Geschichte stimmt, dann hat sie tatsächlich mehr Treue als die allermeisten Menschen bewiesen, von Katzen gar nicht zu reden.

Ihr Besitzer war ein bekannter Abenteurer und Förderer der Künste. Shakespeare erhielt von ihm sowohl Zuspruch als auch Geld. Leider war der Mann auch ein berüchtigter Hitzkopf. Und er neigte dazu, in politischen Auseinandersetzungen auf das falsche Pferd zu setzen. Seine folgenschwerste Fehlkalkulation war ein Geheimbund mit dem Grafen von Essex, um Königin Elisabeth I. zu stürzen. Dafür erhielt er ein Todesurteil, das kurz vor der Vollstreckung in eine lebenslange Haft im Tower of London umgewandelt wurde.

Der Graf trat seine Haftstrafe im Jahr 1601 an. Während er in einer winzigen Zelle sein Mütchen kühlen durfte, war seine schwarz-weiße Katze Trixy zunehmend durch sein langes Fernbleiben vom Familiensitz Southampton House beunruhigt. Eines Tages ging sie einfach fort von dem palastartigen Gut und fand ihren Weg durch Gassen und über Dächer ins Zentrum von London. Dort spürte sie die Zelle ihres Herrn auf und gelangte durch einen Schornstein hinein. Sie verbrachte die nächsten beiden Jahre an der Seite des Grafen, bis Königin Elisabeth starb und ihr Nachfolger auf dem Thron, Jakob II., für die Befreiung von Wriothesley und Trixy sorgte.

Nach so langer Zeit ist es nicht mehr möglich, Näheres über die genauen Umstände von Trixys Odyssee herauszufinden. Sicher ist, dass auch der Graf schwer von der Charakterfestigkeit und Treue seiner Katze beeindruckt war. Kurz nach seiner Freilassung aus dem Verlies gab er ein Porträt bei dem Maler John de Critz in Auftrag. Es zeigt Wriothesley im vollen Staat eines englischen Edelmannes neben Trixy. Sie hat einen durchaus passenden, fast schon grimmigen Gesichtsausdruck – genau das, was man von einer so unerschrockenen Katze erwarten würde.

TRIM

Der erste Kater, der rund um Australien segelte

Die Landratten unter den Menschen halten bekanntlich Hunde für ihre besten Freunde. Seeleute bevorzugen Katzen. Ihr Gleichgewichtssinn macht sich gut auf jedem schrägen Deck, und ihr Jagdfieber hält die Ratten von den Keksdosen fern. Selbst vor dem Hintergrund dieser gegenseitigen wohlbegründeten Hochachtung war die Freundschaft zwischen dem berühmten Forschungsreisenden Matthew Flinders und seinem Kater aber eine Ausnahmeerscheinung.

Die beiden begegneten einander 1797 auf hoher See. Sie dienten an Bord des britischen Schiffes *HMS Reliance*. Eines Tages wurde Trim, der noch ein Kätzchen war, von Bord gespült. Irgendwie schaffte er es, zurück zum Schiff zu gelangen, ein Seil zwischen seine Krallen zu bekommen und wieder an Bord zu klettern. Das beeindruckte Flinders, und er machte den kleinen Kater zu seinem eigenen.

Zwischen 1801 und 1803 segelte Flinders, inzwischen Kapitän des Schiffs *Investigator*, als erster Mensch langsam rund um Australien. Trim war immer an seiner Seite. Am Ende ihrer Mission versuchten die beiden, zurück nach England zu gelangen. Doch ihr Schiff lief vor dem Großen Barriereriff auf Grund. Unglaublich, aber wahr: Flinders gelang es mit Trim an seiner Seite, eines der Rettungsboote aus den Wrack 1000 Kilometer auf dem offenen Meer bis nach Sydney zu manövrieren und dort die Rettung der übrigen Mannschaft zu veranlassen.

Danach versuchte Flinders erneut nach England zu gelangen, diesmal auf dem Schoner *Cumberland*. Er legte auf der von Frankreich beherrschten Insel Mauritius einen Zwischenstopp ein, ohne zu ahnen, dass England und Frankreich mittlerweile Krieg gegeneinander führten. Ganze sieben Jahre verbrachte Flinders in einem Gefängnis vor Ort. Hier trennten sich schließlich die Wege der beiden. Der Kater Trim blieb noch eine Weile bei seinem Herren, doch eines Tages verschwand er – eingefangen und gegessen, wie Flinders vermutete, von den unterernährten Sklaven auf der Insel.

Als Flinders endlich nach England zurückkehrte, schrieb er ein Buch über seine Reisen in und um Australien. Heute sind viele Naturdenkmäler und öffentliche Gebäude auf dem Kontinent nach ihm benannt. In der *Mitchell Library* in Sydney befindet sich eine Statue von Flinders, und dahinter hockt auf einem Fensterbrett eine Bronzeskulptur von Trim. Diese enthält auch eine Würdigung seines trauernden Besitzers. Flinders nannte Trim „den besten und schillerndsten seiner Gattung, den warmherzigsten aller Freunde, den treuesten aller Diener und das beste aller Geschöpfe".

GRANPA

Der älteste Kater der Welt

In unserer Zeit genießen verwöhnte Katzen die beste Ernährung, Unterkunft und medizinische Versorgung, die man für Geld bekommt. Als Folge ist es nicht mehr ungewöhnlich, wenn eine Katze über 20 Jahre alt wird. Bis heute hat aber keine einen gewissen Granpa an Langlebigkeit übertroffen, der das etwas überreife Alter von 34 Jahren, zwei Monaten und vier Stunden erreichte. So steht es jedenfalls im *Guiness-Buch der Rekorde*.

Granpas Leben war nicht nur lang, sondern auch abwechslungsreich. Als ein seltener haarloser Sphinx-Kater wurde er von einem guten Samariter in der Nähe einer großen Autobahnkreuzung im Travis County, Texas aufgegriffen und am 16. Januar 1970 ins Tierheim gebracht. Fast unmittelbar darauf adoptierte ihn ein Klempner namens Jake Perry, der in seiner Freizeit Schönheitswettbewerbe für Katzen besuchte und sich als Katzenretter betätigte. Perry ging davon aus, dass eine so ungewöhnliche Katze irgendwo einen besorgten Besitzer haben musste, und hing in der Stadt Zettel mit Hinweisen auf das Tier auf. Monate später erhielt er einen Anruf von einer Französin, die im Dezember 1969 mit ihrer Tochter die Vereinigten Staaten besucht hatte. Unterwegs war ihr Kater Pierre durch eine unverriegelte Fliegengittertür entkommen und nie wieder aufgetaucht.

Zu diesem Zeitpunkt war Perry bereits seit einiger Zeit im Besitz des Katers. Er hatte ihm in der Zwischenzeit den Namen Granpa Rexs Allen gegeben. Trotzdem erklärte er sich zu einer Begegnung zwischen der Dame und dem Kater bereit. Nachdem diese bestätigte, dass es sich um ihren Pierre handelte, schenkte sie ihn Perry. Sie gab ihm auch Pierres Stammbaumnachweis. Danach wurde das Tier am frühen Morgen des 1. Februar 1964 in Paris geboren.

Einige Jahre später begann Perry, Granpa auf Ausstellungen des Internationalen Katzenverbandes zu zeigen. Zu seiner eigenen großen Überraschung gewann das bereits über 10 Jahre alte Tier den Titel eines *Supreme Grand Masters*. In seiner Kategorie war das die höchste Auszeichnung überhaupt.

Granpas Ruhm mehrte sich vor allem in seinen späten Zwanzigern. Jedes Jahr erhielt er zum Geburtstag eine Vanille-torte mit Zuckerglasur in Form von Thunfischen und Brokkoli. Aufgrund seines hohen Alters war er bei diesen festlichen Anlässen jedoch meist allein. Ansonsten entsprachen seine Fressgewohnheiten überwiegend denen von Menschen: Zum

Frühstück gab es Rührei und klein geschnittenen Speck, Brokkoli oder Spargel und Kaffee. Er mochte auch entweder Wackelpudding oder Mayonnaise auf seinem Futter: Jeden Morgen legte er seine Pfote auf eines der beiden Gläser.

Gestärkt von all dem Gemüse war Granpa schon ein Mittdreißiger, als er am 1. April 1998 nach langen Kampf gegen eine Lungenentzündung den Geist aufgab. Nach gängiger Umrechnung entsprechen Granpas 34 Jahre einem menschlichen Alter von 150 Jahren. In einem feierlichen Begräbnis nahmen Perrys zahlreiche andere Katzen von Granpa Abschied. Er wurde in einem kleinen spitzenbesetzten Sarg aufgebahrt und dann auf Perrys hauseigenen Tierfriedhof neben den Überresten von zwei Dutzend anderen Katzen beigesetzt. Ungefähr 400 Fans aus aller Welt schickten Karten, Blumen und andere Beileidsgesten.

Seine letzte Ehrung erhielt Granpa zwangsläufig erst nach seinem Tod: Das *Guiness-Buch der Rekorde* anerkannte in seiner Ausgabe des Jahres 2000 den greisen französischen Auswanderer als die älteste Katze, die es je auf der Welt gab. Granpa übertraf nur knapp den bisherigen Rekordhalter, eine englische Katze namens Ma, die 34 Jahre und einen Tag gelebt hatte. Wie man sieht, ist es bei der Langlebigkeit wie überall sonst im Leben vor allem die Beharrlichkeit, die zählt.

WEITERE HERAUSRAGENDE KATZENPERSÖNLICHKEITEN DER GESCHICHTE

HAMLET

war ein kanadischer Kater, der seinem Begleiter nach dem Abflug aus Toronto entwischte. Er blieb sieben Wochen im Flugzeug und legte in dieser Zeit erstaunliche 370 000 Meilen zurück. Da macht ihn zur am weitesten gereisten Katze der Welt.

ANDY

der Kater eines Mitglied des US-amerikanischen Senats namens Ken Myer, überlebte einen Sturz aus dem 16. Stock eines Wohnhauses.

CHOUX

Während des 1. Weltkriegs wollte ein französischer Soldat einem mit seiner Kusine verheirateten deutschen Soldaten mitteilen, dass er Vater geworden war. Er band einem Kätzchen namens Choux einen Zettel mit der Nachricht um – und Choux stapfte unbehelligt durchs Niemandsland, um die Botschaft zu überbringen.

PATSY

begleitete den berühmten Flugpionier Charles Lindbergh auf vielen Flügen – nur nicht auf der Atlantiküberquerung, die ihn berühmt machte. „Dieser Flug ist so gefährlich, dass ich dabei ihr Leben aufs Spiel setzen würde", soll Lindbergh erklärt haben.

DUSTY

ist ein Denkmal für die Mutterschaft. Die texanische Katze hat in ihrem Leben 420 Kätzchen geboren. Damit war sie die fruchtbarste Katze der Geschichte. Ihr Rekord hält seit mehr als einem halben Jahrhundert.